DEVELOPMENTAL IMPROVEMENT
PROJECT THROUGH BOARD GAMES

부모와 치료사를 위한 보드게임 놀이법

보드게임을 통한
발달 UP 프로젝트

| 김지연 · 최연희 공저 |

학지사

☆ 머리말

아이를 키우기 힘든 시대이다. 자녀 양육을 위해 부모에게 지워진 짐이 더없이 무거운 시대를 살아가고 있는 듯싶다. 상담실에서 수많은 부모님과 아이를 만나고 있노라면, 애쓰며 살아 내고 있는 삶의 무게에 마음이 아프기도 하고 안타깝기도 하다. 부모는 부모대로 좋은 것들을 자녀에게 주기 위해 애를 쓰지만, 아이는 아이대로 버거워 보인다. 자신의 의지대로, 자신의 속도대로 이루어지는 것이 점점 줄어들다 보니, 아이들의 마음은 점점 지쳐 간다. 자녀가 이 치열한 시대를 잘 살아가게 하고 싶어 하는 부모의 마음이 무슨 죄가 있으랴. 다만, 그 조급함에 가려져 더 중요한 것을 놓치고 있는 것은 아닌가 한번쯤 돌아봐야 하지 않을까 싶다.

우리 아이들이 살아갈 삶에는, 아마도 그렇지 않으면 좋겠지만, 많은 좌절과 어려움이 있을 것이다. 부모가 언제까지 그것들을 대신 해결해 줄 수는 없다. 이때 우리 아이들에게 필요한 것이 바로 '내면의 힘'이다. 자신의 감정을 잘 조절하고, 상황에 맞게 자기표현도 할 수 있도록 하는 것인데, 이것은 절대 아이 혼자서 만들 수 있는 것이 아니다. 부모와의 '관계'를 통해서, 가깝고 친밀한 '관계'를 통해서 단단하게 만들어질 수 있다. 부모가 아이에게 줄 수 있는 최고의 선물일 것이다.

안 그래도 힘든 육아에 '관계'까지 강조하니, 부모에게 힘든 짐을 지우는 것은 아닌가도 싶지만, 이 책은 자녀와 좀 더 수월하게, 같은 시간을 들이더라도 더 효율적으로 긍정적인 관계를 만들고 유지하는 것을 돕기 위한 목적으로 만들어졌다. 특히나 초등학교에 입학하는 시기에 아이들과 어떻게 하면 더 '잘' 놀아서, 더 '좋은 관계'

를 만들 수 있을까 하는 고민으로 시작되었다. 보드게임은 아동·청소년과의 상담에서도 많이 활용되는 만큼, 특성을 잘 알고 사용하면 효과적이고 효율적으로 활용할 수 있을 것이다. 또한 아동·청소년과 작업을 하는 상담가에게도 도움이 될 수 있으리라 생각된다. 바라건대, 이 책이 조금이나마 부모들의 수고를 덜고 아이들과 즐거운 시간을 보낼 수 있기를 바라 본다.

2024년 6월

대표 저자 김지연

⭐ 차례

Part 1

보드게임을 통한 발달 UP 프로젝트

PART 1

1. WHY
2. WHEN
3. WHAT
4. HOW

부모와 치료사를 위한 보드게임 놀이법

1. WHY

1) 아이와의 놀이가 왜 중요한가

아이들은 놀면서 큰다. 우리는 이 말을 많이 들어 왔고 또 경험해 왔다. 하지만 애석하게도 우리는 이 말을 잘못 해석하기도 하고, 아이들이 점점 커 가기 시작하면서부터는 그 중요성을 잊어버리기도 한다.

놀이의 장점은 무궁무진하다. 아이들은 놀이를 통해서 즐거움을 경험하고, 자발적인 에너지를 방출하며, 상상력을 자유롭게 조절한다. 또한 힘든 목표를 달성해 보기도 하고 좌절을 경험하면서 인내력을 기르기도 한다. 무엇보다 놀이를 통해 감정과 경험, 생각 등 직접적이고 충분한 자기표현을 배우며 건강한 방법으로 공격성을 표출하기도 한다. 아마 놀이의 장점은 이것보다도 훨씬 더 많을 것이다. 그래서 많은 부모는 아이들을 놀게 한다. 아이들이 더 많은 것을 경험하고 놀게 하기 위해서 문화센터 강좌를 등록하고 키즈카페를 방문하며, 놀이동산에 가고 해외여행을 계획한다. 아이를 위해 부모가 체력적이고 경제적인 부담을 감수하며 기꺼이 낸 그 시간을 아이 또한 즐거워한다면 그보다 더 좋은 일이 어디 있겠는가. 하지만 간혹 여기에 중요한 것이 빠져 있는 경우가 있다. 부모가 '아이와 정말로 함께 있는가'이다. 단순히 같은 공간에 있다고 해서, 아이에게 즐거운 놀이 시간을 제공해 준다고 해서, 아이와 함께 놀고 있다고 생각하는 것은 아닌지 살펴보아야 한다. 가끔 그렇게 착각하는 부모님들이 있는 것 같다. 중요한 것은 부모가 아이와 몸만 같이 있어 주는 대상이 아니라 감정의 경험을 함께하고 불편한 감정을 공감해 주며 조절을 도와주는 '의미 있는 대상'으로서 함께했느냐이다. 아이들은 놀이를 하면서 다양한 느낌과 생각, 경험을 자유롭게 표현한다. 그리고 그 표현을 함께 나누고 경험하고 조절해 줄 수 있는 대상이 있을 때 아동은 자신이 표현한 것을 온전히 자신의 것으로 다시 가져올 수 있으며, 감정 조절을 배워 갈 수 있다.

아이가 놀면서 표현한 생각과 감정들은 함께 상호작용하는 대상이 그것을 이해해 주고 공감해 주고, 또 때로는 다른 시각의 의견들을 제시함에 따라 정교화되고 공감되며 조절된다. 이것이 부모와 아이 사이에 일어나는 '조율'이다. 비록 이것이 언어를 통해서 일어나지 않더라도 부모와 아이 사이에서 표정, 몸짓, 태도 등 비언어적인 의사소통을 통해서 더 많은 것이 전달된다. 이것이 부모와 자녀 간 대화의 기초가 된다. 어린 시절부터 부모와 놀며 감정을 함께 경험하고 나눠 본 아이들은 부모와의 대화가 자연스럽다. 특별히 어떤 노력을 하지 않아도 자연스럽게 친구들과 있었던 일, 학교나 유치원에서 일어났던 일, 경험에 대한 생각이나 느낌을 표현하고 의사소통한다. 상담현장에 있다 보면, "우리 아이는 밖에서 있었던 일을 절대 집에서 이야기하지 않아요." "도대체 무슨 생각을 하고 있는지 모르겠어요."라고 하는 부모들을 어렵지 않게 만날 수 있다. 어떻게 하면 아이와 대화를 할 수 있는지, 아무리 물어도 대답을 잘 하지 않는 아이 때문에 답답해하는 경우가 많다. 아이들이 성장해서 사춘기가 가까워질수록 부모와 아이 사이의 간극은 점점 커진다. 대화를 시도해 보려 노력해도, 결국은 훈계나 잔소리로 끝나게 된다. 이런 안타까운 사연들에는 아이가 어렸을 때 이런저런 이유들로 부모와 아이가 함께 한 놀이 시간이 적었다는 고백들이 많다. 돌아보니 아이와 긍정적인 의사소통을 나눈 경험이 부족했다는 것이다. 의사소통은 함께 놀이할 때 가장 자연스럽고 긍정적일 가능성이 높아진다. 아이와 친해지기 위해서라면 함께 노는 것보다 더 효과적인 방법은 아마 없을 것이다.

2) 왜 보드게임이 효과적인가

아이들의 놀이에는 여러 종류가 있다. 연령에 따라 아이들은 자신들의 발달적 능력에 기반하여 다양한 놀이에 참여하게 된다. 그중에서 게임놀이는 단순하건 복잡하건 간에 기본적인 규칙과 절차가 정해져 있기 때문에 주로 학령기에 많이 나타난다.

아이들이 놀이에 대한 선호가 다르듯, 부모 역시 아이와의 놀이에 있어서 선호하는 놀이가 다르다. 어떤 부모들은 역할놀이, 소꿉놀이 등 주로 상징놀이를 통한 자유놀이를 더 좋아하기도 하고, 달리고 던지는 신체놀이를 할 때 더 즐거워하기도 하며, 규칙이 있는 게임놀이를 더 선호하는 부모들도 있다. 부모 자신이 재미없는 놀이를 아이와 재미있게 하는 것은 어려운 일이다. 아이들은 함께 노는 부모가 즐거워하는지 아닌지 아주 직감적으로 알 수 있다. 생각해 보라. 함께 놀이하고 있는 상대가 하품을 하며 지루해하는데 즐거워할 사람이 있겠는가. 그래서 나는 늘 부모님들에게 자신이 좋아하는 놀이를 찾아서 아이와 즐겁게 함께 하기를 권유한다. 솔직히 아이와 노는 일 자체가 쉬운 일은 아닌데, 좋아하지도 않는 놀이에 참여하려면 그건 정말 고문일 것이다. 부모 각자가 자신의 선호를 분명히 인식하고 역할을 나누는 것도 좋은 방법이다. 현장에서 많은 부모를 만나서 이야기를 나누다 보면(사실 내 경우에도 마찬가지이다), 보드게임을 선호하는 부모가 많다. 앞서 이야기한 것처럼 보드게임은 큰 틀이 정해져 있고, 각자의 역할이 나름대로 한정되어 있기 때문에 부모의 부담이 적다.

보드게임은 참여 장벽이 높지 않고 즐겁다. 승패가 빠르게 나기도 하고, 과정 속에 재미를 느낄 수 있는 요소들이 많기 때문에 즐거운 경험을 함께하기에 매우 효과적인 도구이기도 하다.

부모들이 보드게임을 선호하는 이유 중 하나는 교육적인 측면 때문이기도 할 것이다. 보드게임은 아동의 인지발달을 향상할 수 있는 많은 교육적 함의를 품고 있다는 점에서 부모들에게 상당히 매력적이다. 아이랑 놀면서 공부도 된다니 어찌 좋지 않겠는가. 그러나 아이와 게임을 하면서 이러한 인지적인 측면에만 치중하다 보면 아이는 놀이가 금방 재미없어지고, 결국은 또 일방적인 잔소리로 끝나기 쉽다. 부모도 재미가 없다. 상담 시간에 아이가 즐거워하며 함께 하던 보드게임을 집에 가서 부모와 해 보니, 재미가 없어서 금방 그만두게 되었다는 이야기는 수도 없이 들어왔다. 보드게임이 가진 교육적·인지적 효과는 즐겁게 게임을 하다 보면 자연스럽게 얻어지는 결과물에 가깝지(치료교육 장면에서 치료사에 의해 고도로 조작되는 경우를 제외한다면), 일반적으로 그것만을 목적으로 했을 때는 실패할 가능성이 높다. 보드게임이 가진 가장 큰 장점이자 무기인 '즐거움'을 교육적 목적으로 오염시키지 않기를 바란다. '즐겁게' 할 때 우리는 그 즐거움에 따른 관계의 증진과 인지적 향상의 열매를 자연스럽게 얻을 수 있다.

　　보드게임은 일반적으로 가정에서, 혹은 친구들끼리 사용되는 즐거운 놀이도구일 뿐 아니라 상담실에서도 흔히 사용된다. 보드게임은 치료적으로 잘 사용하게 되면 아동의 집중력, 기억력, 문제해결능력과 같은 인지능력을 길러 주기도 하고 행동조절력을 향상시키는 데 도움을 줄 수 있기 때문이다. 특히나 산만하고 집중하기 어려운 주의력결핍 과잉행동장애(ADHD) 아동이나, 사회적인 기술이 부족해서 또래들과 어울리기 어려운 아동, 불안하고 우울한 아동에 이르기까지 보드게임은 그 활용도가 상당히 높다. 최근에는 보드게임의 종류가 엄청나게 다양해지면서 양질의 보드게임 또한 많아졌다. 그래서 상담실에서도 치료적 목적으로 제작된 보드게임 이외에도 시중에서 구입할 수 있는 보드게임들을 다양하게 활용하고 있다. 그러나 모든 보드게임이 치료적인 효과를 가지는 것은 아니며, 치료적인 효과를 가진 게임이라고 하더라도 어떤 목적으로 어떻게, 누가 사용하느냐에 따라 약이 될 수도 있고 독이 될 수도 있다.

　　또한 보드게임은 아동상담 장면에서 조금 큰 아이들과 상담을 시작하는 초기에도 아주 유용하게 사용된다. 다소 어색하고 불편한 초기 관계에서 접근이 쉬운 보드게임은 아동의 긴장감을 낮춰 주고, 즐거운 경험의 공유를 통해 친밀감을 느끼게 해 주어 상담에 편안하면서도 적극적으로 참여하는 계기를 마련해 주기 때문이다. 이처럼 많은 장점을 가진 보드게임의 치료적·교육적 효과가 자연스럽게 나타나기 위한 방법들을 이야기하는 것이 바로 이 책의 목표이다. 구체적이고 자세한 방법들에 대해서는 앞으로 계속해서 다루게 될 것이다.

2. WHEN

1) 보드게임에 적합한 연령은 언제인가

　3세에서 6세는 가상놀이, 즉 상징놀이의 황금기이다. 일생 중 그 어떤 시기보다도 환상과 상상의 세계에서 풍요롭게 헤엄칠 수 있는 중요한 시기이다. '극놀이'라고도 부르는 가상놀이는 현실에서는 불가능한 일들을 마법처럼 이루어지게 하는 환상의 공간일 뿐 아니라, 현실 세계의 경험들을 리허설할 수 있는 무대가 된다. 그러므로 가상놀이를 통해 아동의 창의적 사고가 자극이 되고, 더 나아가서는 기억력, 언어발달, 인지적 조망수용능력이 향상되며, 사회인지의 발달에도 긍정적인 영향을 주는 중요한 자원이 된다. 일반적으로 우리가 '자유놀이'라고 부르는 대부분의 형태가 여기에 포함된다. 놀이치료실에서 아이들과 만난 경험을 토대로 보면, 이러한 상징놀이를 잘하는 아이들은 자신의 문제를 스스로 해결할 수 있는 자기치유능력, 문제해결능력, 창의성이 좋은 편이다. 당연히 감정을 인식하고 표현하는 능력이나 의사표현능력도 좋을 수밖에 없다. 일생에 있어 이러한 상상놀이를 마음껏 즐기고 꽃피울 수 있는 유일한 시기이니만큼 충분히 경험할 수 있도록 해 주는 것이 바람직하다.

　보드게임놀이 방법에 대해 알려 주는 책에서 상상놀이에 대한 예찬이라니 아이
러니하게 느껴질 수도 있겠지만 그만큼 중요하고 강조하고 싶은 마음이라는 것을
알아주시길 바란다. 게임놀이 혹은 보드게임은 대부분 아주 간단하더라도 규칙이
필요한 놀이이기 때문에 기본적으로 발달상 순차적이고 논리적인 사고체계가 어느
정도 나타나야 참여할 수 있다. 술래잡기나 숨바꼭질 같은 놀이를 할 때, 술래가 찾
으러 올 때까지 소리를 내거나 움직이지 않고 숨어 있다거나, 잡히면 자신이 술래
가 되는 등의 간단한 규칙을 명확하게 이해하고 지키면서 놀 수 있게 된다면, 이 시
기가 시작된 것으로 볼 수 있다. 그렇지만 이러한 능력이 나타났다고 해서 아이들의
놀이가 상상놀이에서 바로 규칙이 있는 놀이로 전환되지는 않는다. 또한 너무 이른
시기에 규칙이 있는 놀이를 시도하다 보면 아이들의 상상놀이가 급격하게 줄어들
수 있다. 상상놀이는 현실을 왜곡시켜서 자유롭게 펼쳐지는 반면, 규칙은 현실에 적
응하는 데 필요한 구체적인 체계이기 때문이다. 그러므로 부모의 욕심에 너무 이른
나이에 규칙이 있는 게임을 제공하게 되면, 상상놀이를 충분히 경험하지 못하고 균
형감을 잃기 쉽다.

　상상놀이를 충분히 많이 한 아이들은 규칙이 있는 게임에서도 즐겁게 놀면서 승
패를 받아들이기 훨씬 쉽다. 그들은 게임에서 지거나 이겨도 이 상황이 '놀이'라는
것을 알기 때문에 승패에 크게 좌우되지 않는다. 이들의 마음속에는 게임은 게임일
뿐, 게임에서 진다고 해서 내가 진짜로 실패하는 것은 아니라는 유연함이 녹아 있
다. 반면, 그렇지 못한 아이들은 게임에서 지면 마치 현실에서 내가 늘 실패자가 되
는 듯한 생각이 들고, 세상이 모두 무너질 듯한 좌절감을 경험한다. 그만큼 융통성
과 유연함이 부족한 것이다.

　개인차가 있겠지만 평균적으로는 6~7세 정도가 되면, 논리적이고 순차적인 사
고체계가 발달하기 시작하기 때문에, 규칙 있는 놀이에 흥미를 보인다. 따라서 보드
게임이나 게임놀이는 이 시기 즈음부터 조금씩 시도해 보길 권한다.

2) 언제 아이와 놀이를 하는 것이 좋은가

"하루에 아이와 놀이하는 시간이 얼마나 되나요?" 부모님들을 대상으로 한 강연에서 한 번쯤 꼭 물어보는 질문이다. 대답은 다양하다. 종일 아이와 놀아 주신다는 분도 있고, 10분도 어렵다는 분들도 있다. 아마 '놀이'에 대한 개념부터 각자 다를 것이다. 여기에서의 '놀이'는 아이와 얼굴을 맞대고 상호작용을 하면서, 다른 일에 신경 쓰지 않고 놀이에 집중한 채로 보내는 시간을 의미한다. 이렇게 다시 물으면, 당연히 시간이 줄어든다. 집안일도 많고, 해야 할 일도 많고, 머릿속도 복잡한데, 집중까지 하면서 놀기란 쉬운 일이 아니다. 더군다나 어떻게 놀아야 할지도 모르겠고, 아이와의 놀이가 그다지 재미있지도 않다면, 10분이 1시간처럼 느껴지기도 한다. 또 아이랑 논다고 노력했는데도, 아이는 여전히 자신과 놀아 주지 않는다며 투정을 부리면 난감하기도 하다.

이럴 때 부모님들께 제안하는 한 가지 방법이 있다. 아이와 '**특별한 놀이시간**'을 정해서 놀이를 하는 것이다. 일주일에 한 번이나 두 번 정도, 30~50분 정도의 시간을 정하는 것이다. 이 시간은 부모나 아이 모두 여유 있는 시간이어야 한다. 예를 들면, 주말 오전 시간이나 평일 저녁 시간 등 가족 사정에 따라 다르겠지만, 그나마 바쁘지 않고 한가한 시간을 일주일에 한두 번은 찾을 수 있을 것이다. 형제자매가 있는 가정이라면, 구체적으로 놀이대상을 정해야 한다. 형제자매가 모두 함께 참여하는 것이 괜찮을 경우에는 다 같이 놀이하는 가족놀이시간으로 할 수 있다. 그러나 형제자매의 연령대나 욕구, 발달수준이 너무나 다르고 형제간 질투나 경쟁심이 심한 경우라면, 각각 아이와 따로따로 놀이시간을 가지는 것이 좋다. 처음에는 20~30분 정도의 시간을 정하되, 아이에게 미리 구체적으로 이 시간을 이야기해 주어야 한다. "○○야~ 이제부터 우리 토요일 오전에는 엄마랑 너랑 우리 둘만의 놀이시간을 가지려고 해. 10시부터 10시 30분까지. 너랑 둘만 놀 수 있다니 엄마는 벌써부터 설레고 기대된다." 달력에 미리 표시해 두고, 기대감을 표현해 준다면 더욱 좋겠다.

이 '특별한 놀이시간'에는 아이와 놀이하는 것 이외에 모든 것이 금지다. 특히 핸드폰은 끄거나 다른 곳에 두고, 집안일을 하는 것도 미룬다. 오직 아이에게 집중하는 시간이므로, 30분도 짧지 않은 시간이다. 이때, 새로운 게임놀이나 보드게임을 소개하여 같이 놀 수 있다. 그렇지만 아이가 원하는 놀이가 있다면 우선적으로 아이의 선택에 따르는 것이 더 바람직하다. 되도록 이 시간에는 아이의 욕구와 리드에 따르며 반응한다. 놀이 시간을 끝낼 때는 부모에게 더 많은 지혜와 노력이 필요하다. 놀다 보면 아이들은 늘, 언제나, 항상 더 놀고 싶어 하기 때문이다. 놀이 시작부터 아이에게 시간을 말해 주고, 종료 5분 전에는 미리 5분 남았다고 이야기해 주며, 시간이 다 되었을 경우에는 시간이 다 되었음을 알린다. 아마 그렇다고 해도 아이는 더 놀고 싶어 할 것이다. 아마 백발백중 그럴 것이다. 그럴 때는 더 놀고 싶어 하는 아이의 마음을 충분히 공감하고 담아 주는 것이 필요하다. "아이고, 더 놀고 싶구나. 참 아쉽네. 놀이시간에는 시간이 정말 천천히 가면 좋겠다. 왜 이렇게 시간이 빨리 가는 거야."라고 하며 잠시 동안이라도 아이와 같은 감정이 되어 안아 주고 다독여 주자. 아이는 왜 더 놀 수 없냐고 하며 잠시 떼를 쓸 수도 있다. 그러면 "(부드러운 어조로) 우리가 정한 놀이시간이 다 되었고, 이제는 엄마가 다음 일을 해야 할 시간이 됐어."하며 지켜야 할 규칙이 있었음을 상기시켜 준다. 단, 약속한 시간이 다 됐다며 너무 야박하게 일어서지는 말자. 그 대신 "(유머러스하고 희망에 찬 표정으로) 하지만 우리에게는 다음 특별 놀이시간이 기다리고 있다! 우리의 다음 특별 놀이시간은……." 하며 달력에 표시를 해 주자.

만약 부모님에 따라, 상황에 따라 여력이 된다면, 얼마 정도는 더 놀아 주어도 좋다. 그러나 상황이 여의치 않고 여력이 없을 때에도 아이의 성화에 못 이겨 할 수 없이 시간을 조금씩 더 연장해서 놀이하는 것은 아이의 발달에도, 엄마의 정신건강에도 도움이 되지 않는다. 이랬다저랬다 하면 아이 마음속에 화가 날 수 있다.

아이와 정기적으로 갖는 특별한 놀이시간이 있다는 것은 아이에게 '우리 엄마 아빠는 나랑 잘 놀아 주는 사람'으로 인식되는 효과가 있을뿐더러 그날을 바라보며 당장의 욕구를 지연시키는 '**욕구 지연 능력**'이 발달할 수 있는 기회들을 제공하는 것이다.

3. WHAT

보드게임을 할 때 지켜야 하는 중요한 원칙은 무엇인가

1) 놀이는 즐거운 것이어야 한다

놀이의 특성은 원래 자발적이고 목표가 없으며, 즐거운 것이다. 그렇게 즐거움을 함께 나누다 보면 저절로 관계가 좋아지게 되고, 여유가 생기며, 유연해지고, 스트레스를 조절할 수 있는 힘이 생기게 된다.

함께 놀이하는 시간조차도 부모의 잔소리와 비난이 이어진다면, 아이들은 금세 지루해하고 놀이를 숙제처럼 여길 수도 있다. 놀이는 놀이일 뿐인데, 많은 부모가 그 시간에도 아동이 좀 더 잘하길 기대하는 마음으로 설명하고, 설명하고, 또 설명한다. 그리고 그렇게 하지 못하면 화를 내고 잘하지 못하는 아동을 비난하기도 한다. 놀이조차도 잘했으면 하는 부모의 욕심을 버리고, 서투르면 서투른 대로 어설프면 어설픈 대로 즐기며 즐겁게 놀이하는 시간을 보내야 한다. 다시 한번 말하지만 놀이는 즐거운 것이어야 한다.

그렇다고 해서 보드게임이 항상 계속해서 즐겁기만 한 것은 아니다. 생각만큼 잘 안 되면 속상하고, 좌절하기도 하며, 마음이 조급해지고, 긴장되기도 한다. 무엇보다 게임에서 지면 화가 날 수 있다. 불쾌한 감정들이 생기는 것은 당연하다. 우리는 살면서 불쾌한 감정들을 매일, 매 순간 만나게 된다. 그러나 이 감정들을 인식하고 대면하는 일은 결코 쉬운 일이 아니다. 그 감정들을 감당하기 어려워 많은 사람은 부정적 감정으로부터 도망친다. 불쾌한 감정을 모른 척거나 아닌 척하며 회피하게 되는데, 그렇다고 이 감정들이 사라지는 것은 아니다. 어딘가에서 살아남아, 더 크고 복잡하게 얽혀서 우리의 생활 곳곳에서 때로는 자신도 모르게 그 영향력을 발휘한다. 사람들은 그것을 가끔 엉뚱한 곳에 예상치 못하게 폭발시키기도 한다. '분노폭발' '감정조절 문제' '충동 통제의 어려움' 등이 바로 그것이다. 놀면서 즐거운 아이들은 기꺼이 이러한 불쾌한 감정들을 감당할 수 있다. 이러한 감정들을 감당하고 조절해야만 또 재미있게 놀 수 있기 때문이다. 놀이가 정말 즐거워야 그렇게 한다. 즐겁지도 않은데 왜 굳이 아이들이 이런 힘든 감정들을 감당하려고 하겠는가. 놀이라는 보호적인 틀 안에서 아이들은 불쾌한 감정을 인식하고, 안전하게 표출하고, 조절하는 연습을 한다. 다시 한 번 강조컨대, 아이들은 즐거울 때만 기꺼이 그렇게 한다.

요즘 아이들은 모바일게임을 하면서 즐거움을 느낀다. 최근에는 초등학교 저학년 아이들은 물론이고 유치원에 다니는 어린아이들조차도 모바일게임에 빠져 있는 경우를 종종 목격하게 된다. 게임을 하며 즐거워하니 게임에서 오는 좌절이나 화도 참고 좋지 않을까. 천만의 말씀이다. 모바일게임에 대한 과몰입은 아이의 두뇌를 망가뜨릴 수 있다. 어릴 때부터 지나친 시각적·청각적 자극에 몰입되면, 이후에 지면의 형태로 된 책이나 공부들에는 흥미를 느끼지 못한다. 두뇌의 특정부분만 과잉하여 자극하는 모바일게임으로는 아이들이 학습하고, 지혜롭게 살아가는 데 꼭 필요한 능력이 모두 모여 있는 두뇌의 전전두엽 부분을 발달시키지 못한다. 더구나 게임을 하면서 느껴지는 부정적인 감정들은 이를 함께 조절해 줄 대상이 없기 때문에 억압시켜 버리거나 과하게 행동으로 분출하게 될 위험성이 높다. 아마 더 설명하지 않아도 많은 부모가 더 잘 알고 있을 것이다. 아이가 모바일게임에 과몰입하게 되면 부모와 함께하는 시간들을 시시하고 재미없게 느낄 가능성이 높다. 더군다나 여기에 부모의 잔소리에, 핀잔까지 더해진다면……. 개인적인 생각으로는 초등학교 저학년 때까지는 모바일게임에 빠져 있거나, 부모보다 친구들을 더 선호하는 아이라 하더라도, 부모의 노력에 의해 바뀌기가 좀 더 수월하다. 일종의 골든타임이다. 고학년이 되고 사춘기가 오면, 몇십 배 아니 몇백 배의 노력과 마음고생이 필요할지도 모른다. 그러니 이 골든타임이 지나가기 전에 아이와 즐거운 경험을 차곡차곡 쌓아 미리 저축해 놓자! 부모와 긍정적인 감정을 공유하고 즐거움을 느꼈던 아이들은 힘든 시기가 와도 미리 저축해 놓은 마음통장이 풍요롭기 때문에 사춘기를 잘 보낼 확률이 높고, 비록 혹독한 사춘기를 겪는다 해도 더 단단하게 성장할 수 있다.

2) 부모 자신의 마음을 잘 살펴보자

아이와 보드게임을 하면서 자신까지 살펴보아야 한다니, 너무 거창하지 않은가라고 생각할 수 있다. 그렇지만 이것은 매우 중요하다. 우리는 가끔 자기 자신은 보지 못한 채, 아이의 행동을 혼내는 경우가 있다. '도대체 쟤는 왜 저러는지 모르겠어!'라며 마음이 복잡한 순간들이 있었을 것이다. 그러나 사실 정답은 비교적 간단하게 알 수 있다. '내가 저 아이라면 어떨까?'라고 입장 바꿔서 생각해 보는 것이다. 어른인 내 입장이 아니라 다섯 살인 아이의 입장에 서 보는 것만으로도 아이와의 갈등 상황에서 많은 부분의 답을 부모 스스로 구할 수 있을 것이다. 게임을 할 때, 대부분의 사람은 이기고 싶어 한다. 지면 속상하다. '난 어른이니까, 상담자니까, 이기고 싶어 하는 건 너무 유치하잖아!' '진다고 속상한 건 어른스럽지 않아!' 이렇게 생각하며 져도 아무렇지도 않은 척, 이기고 싶지 않은 척할 때가 있다. 물론 나이가 한참 어린 아이와 놀이를 할 때는 이런 마음이 누그러지기도 한다. 그렇지만 자신이 이런 마음을 가졌다는 것을 잘 모르면, 혹은 나는 그렇지 않다고 부정하면, 아이의 마음을 이해하는 것은 쉽지가 않다. "게임에서 졌다고 뭘 그렇게 속상해하니, 게임인데 그럴 수도 있지!"라는 말을 아이에게 너무 쉽게 하게 된다. 자신이 어렸을 때를 생각해 보자. 친구들과 게임에서 지면 얼마나 속상했었는지. 물론, 게임에서 져도 화내지 않고 참고 다시 게임을 할 수 있는 것은 칭찬받을 만한 매우 훌륭한 행동이다. 그러나 자신이 화가 났다는 것을 알지만 혹은 화가 나지만 게임이니까 참을 수 있는 것과 '나는 져도 화가 나지 않아.' 하며 자신의 마음을 부인하거나 외면한 채 행동하는 것은 완전히 다른 이야기이다.

다시 본론으로 돌아가서, 부모가 자신의 마음을 잘 모른 채 아이와 상호작용을 하고 놀이를 하게 되면 여러 가지 부작용이 일어난다. 내 마음을 알 수 없듯, 당연히 아이의 마음을 읽는 데 어려움이 생기게 되고, 또 갑자기 치밀어 오르는 분노와 같은 부정적인 감정을 통제하기 어렵다. 특히 급한 일이 있거나 걱정되는 일이 많아 머리가 복잡한 순간에는 그 마음을 누르고 아이와 즐겁게 놀이하는 것이 어렵다. 자신의 마음 상태를 인식하지 못한 채 아이와 놀이하다 보면, 어느 순간 자신도 모르게 놀이가 짜증스러워지고 평상시에는 괜찮았던 아이의 행동에 화가 난다. 자신의 마음을 알지 못하면, 이 모든 것은 아이의 탓이 되고 함께 놀던 아이를 향해 화가 폭발하고 만다. 그럴 때는 오히려 아이와 놀지 않는 것이 더 낫다. 기분이 괜찮은 상태일지라도, 자기 자신이 어느 순간에 화가 나는지, 참을 수 있는 정도가 어디까지인지를 미리 알고 있는 것이 좋다.

3) 행동보다는 마음에 눈을 돌리자

아마 대부분의 부모는 '재미있고 알찬 시간'을 기대하고 보드게임을 시작할 것이다. 그러나 아이들은 우리의 예상과는 다른 변화무쌍한 모습을 짧은 시간에 여과 없이 보여 줄 것이다. 아이와 게임을 하다 보면 즐겁고 재미있기도 하지만, 아이를 혼내게 되는 상황이 많이 벌어지고는 한다. 자신이 질 것 같거나 불리해지면 막무가내로 우기기도 하고, 규칙을 바꾸자고도 하고, 은근슬쩍 차례를 지키지 않기도 하고, 질 것 같으면 게임을 하지 않겠다고 토라지거나 울음으로 끝을 마무리하기도 한다.

이럴 때 부모는 당황스럽기도 하고 실망스러운 마음에 "이럴 거면 하지 마." "즐겁게 놀자고 한 건데 이게 뭐야. 너 때문에 망쳤어."라며 감정적인 말로 생채기를 내기도 한다. 때로는 "너 이러면 친구들이 너랑 안 놀아 줘." "이제 내가 너랑 놀아 주나 봐." 하며 불안감을 조장하기도 하지만 그러고 나서 후회한다. 객관적으로 보면 행동을 조절하지 못한 것은 아이나 부모가 똑같은데 아이만 혼이 난다. 아이의 행동에만 집중을 하다 보면 그렇게 되기 쉽다. 아이들은 아직 어른에 비해 자신의 마음을 참고 조절하는 능력이 부족하기 때문이다. 아이의 뇌는 아직 지는 것을 편하게 받아들일 정도로 성숙하지 않은 상태라는 것을 떠올려야 한다. 아이와 게임할 때 잊지 말아야 할 점이 바로 이것이다.

  우리가 하는 모든 행동에는 알고 보면 다 그 이유가 있다. 아무 이유 없이 하는 행동은 거의 없다. 아이가 게임을 하다가 거짓말을 하거나 속임수를 쓰는 '행동'을 한다면, 그 '행동'은 당연히 하지 못하도록 제한해야 한다. 그런데 그전에 생각해 보아야 할 것이 있다. 바로 아이가 왜 그럴까 생각해 보는 것이다. 아이의 '마음'에 관심을 갖는 것이다. 아이는 왜 게임을 하다 말고 속임수를 썼을까? 상황에 따라, 아이에 따라 다양한 이유가 있을 것이다. 아마 대체로는 '이기고 싶은 마음' 때문일 것이다. 그렇다면 여기서 질문이 있다. '이기고 싶은 마음'은 잘못된 것일까? 혼나야 하는 것일까? 대부분의 사람들은 게임을 할 때 '이기고 싶은 마음'이 든다. 아이와 함께 게임을 하고 있는 부모나 상담가조차도 그렇다. 그런데 우리는 그 '행동'의 이유인 '마음'에 대해서는 생각하지 않고, 겉으로 보이는 '행동'에만 관심을 가지다 보니, 자꾸만 혼내야 할 행동만 늘어 간다. 그 '마음'에 관심을 가지다 보면 아이를 바라보는 관점이 조금은 달라진다. "이기고 싶은 마음이 드는 건 당연하지, 엄마한테도 그런 마음이 있거든." 아이의 '마음'이 이해가 되고, 공감도 된다. 그러면 아이를 대하는 행동이 한결 부드러워진다. "그랬구나, 그래서 속임수를 쓴 거구나. 엄마도 그 마음은 이해해."라고 말이다. 그렇다고 아이의 잘못된 '행동'은 그냥 넘어갈 수는 없는 일이다. 잘못된 행동은 분명 가르쳐야 한다. 전하는 메시지는 명확해야 한다. '명확해야 한다.'는 것은 아이 입장에서 그 행동을 다음에 하게 되었을 때 부모가 어떻게 반응할 것이라는 것을 아이가 분명하게 예측할 수 있어야 한다는 것을 의미한다. 예를 들면, 아이가 '우리 엄마는 내 마음을 이해하지만, 이런 행동은 하면 안 되는 거라고 할 거야.'라고 생각할 수 있어야 한다는 뜻이다. 속임수에 대한 제한은 4장에서 조금 더 자세히 다루도록 하겠다.

4) 감정을 자연스럽게 표현하자

게임놀이나 보드게임은 승패가 있는 경우가 대부분이기 때문에, 이기고 싶은 마음, 질까 봐 조마조마 긴장되는 마음, 져서 속상하고 화가 나는 마음, 이겨서 신나고 자랑스러운 마음 등 여러 다양한 욕구와 감정을 짧은 시간 내에 경험할 수 있다. 평상시에는 아이의 감정을 읽어 주려고 해도 잘 모르겠고 어색하지만, 게임을 하는 동안에는 여러 감정이 홍수처럼 밀려오고, 부모 역시 아이와 비슷한 감정을 함께 경험할 수 있으니 이보다 더 좋은 기회는 없을 것이다. 게임을 하면서 아이가 표현하는 감정이 있다면 "너 엄청 즐거워 보인다." "지니까 속상한가 보구나." "질까 봐 걱정되나 보네." 등과 같이 그것을 언어로 말해 주는 것이 좋다. 그런데 경험상, 감정에 대해서 이야기하기 서툰 부모는 아이에게 이런 말을 하는 것 자체가 매우 어색하고 어렵다. 어색하다 보니 말하는 톤도 뭔가 부자연스럽다. 부모 입장에서는 아이의 감정을 읽어 준다고 한 것인데 마치 '그러니까 너 지금 마음이 이런 거 맞지? 내가 다 안다, 알아.' 하는 식의 뉘앙스를 풍기기도 하고, 아이 입장에서도 왠지 모르게 자신의 감정이 들킨 것 같아 당황스러울 수도 있다.

아이의 감정을 읽어 주는 것이 어색하고 서툴다면, 그보다 조금 더 쉽고 좋은 방법은 부모가 먼저 자신의 다양한 감정을 표현하는 것이다. 부모도 상대의 감정을 읽어 주는 것보다는 자신의 감정을 표현하는 것이 좀 더 편안하고 자연스러울 테고, 듣는 아이의 입장도 마찬가지일 것이다.

● "와! 이기니까 정말 기분 좋다. 신나~~."

- "지니까 좀 속상하긴 하다."
- "아…… 질까 봐 걱정돼. 마음이 콩닥콩닥!"
- "으아…… 조마조마해."
- "너랑 같이 게임하니까 정말 즐겁다!"
- "와~ 같이 게임하는 사람들의 매너가 좋으니 오늘 게임 기대된다."
- "내가 이겨서 눈치가 좀 보이는데, 다들 축하해 줘서 고마워!"

게임하는 과정에서 아이가 보이는 모습들이나 이기고 지는 결과에서 있을 수 있는 감정에 대한 표현을 구체적으로 언급하면서 감정을 표현할 수도 있다. 혹은 "나도 이번에는 이겨 보고 싶다." 등의 욕구에 대한 표현이나, "아까 네가 주사위 던질 때 나도 정말 아슬아슬하더라." "실수를 하다니, 아우 아쉽다."처럼 게임하면서 느껴지는 생생한 감정들을 자연스럽게 한 번씩은 표현할 수 있을 것이다. 자신의 마음을 언어로 표현하는 일 또한 쉽지 않을 수 있지만 아이의 감정을 읽어 주는 것보다는 좀 더 수월할 것이다. 자신의 감정이니 좀 더 생동감이 있고 아무래도 어색함이 덜하기 때문이다. 이런 표현들을 보고 듣는 것을 통해 아이는 다양한 감정을 배울 수 있다. 그러면서 아이는 자신의 감정도 편하게 표현할 수 있게 되며 상대의 감정에도 관심을 갖고 이해해 보려 할 것이다. 즉, 부모의 감정 표현을 통해 아이는 자신의 감정을 표현하는 법을 배우고, 또 상대의 감정을 이해하는 것도 배운다. 그다음에 아이는 감정을 조절하는 것을 연습할 것이다. 감정을 이해하지도 표현하지도 못하는 아이가 어떻게 조절을 하겠는가.

이전에 상담실에서 만났던 초등학교 4학년 아이가 있었다. 친구들은 물론이고 부모나 선생님에게도 공격적이고 반항적인 행동을 자주 보여 상담실에 오게 되었다. 상담실을 휙 둘러본 아이는 "에이, 시시해! 뭐 할 것도 없네." 하며 퉁명스러워했다. 다행히 축구를 좋아하는 아이는 축구게임을 꺼내 주자, 관심을 보이며 "한판 뜨자."고 했다. 아이의 반응을 살피기 위해 처음 몇 판을 져 준 후에, 슬쩍 한 번 이겨 보았다(사실 나는 승부욕이 대단하다. 치료실에서 20여 년간 해 온 이 축구게임은 마음만 먹으면 언제든 이길 수 있다!). 아이는 별로 반응이 없었다. 그러고는 낮은 목소리로 "한 판 더 해요."라고 했다. 나도 승부욕이 발동했다. 아이가 어떻게 나오는지 궁금하기도 했다. 다음 판에 내가 또 이기자 아이는 "치." 하며 발로 책상을 찼다. "지니까 기분 나쁘니?"라고 묻자, "아니요, 이까짓 거. 또 해요. 빨리!"라고 했다. 내가 다시 "목소리도 그렇고. 표정도 그렇고. 화가 난 것 같은데? 나는 아까 지니까 속상하더라."라고 하니, "아니라니깐요! 하기나 해요, 진짜!" 하며 소리쳤다. 그다음 판은 어떻게 됐을까? 또 내가 이겼다. 아이의 표정은 정말 화가 나 보였다. 자신이 좋아하는 축구 게임에서 세 판을 내리 지니 자존심이 상했을 터이다. "표정을 보니 화가 많이 난 것 같은데?"라고 말하자, 아이는 "아니거든요. 저 화 안 났어요. 뭐 이런 걸로 화낼 사람처럼 보여요?"라며 말하면서 책상을 발로 차며 격분했다. 끝까지 화가 난 건 아니라고 했다. 정말로 아이는 화가 난 것이 아니었을까? 아이는 학교나 집에서 친구들을 때리거나 욕하고 반항하는 행동들을 많이 보였다. 평상시에는 괜찮다가도 자신의 감정이나 행동을 조절하지 못하고 폭발하는 것이 제일 큰 문제였다. 아이는 화가 나는 자신의 마음을 잘 몰랐다. 알지만 인정하지 않았을 수도 있다. 자신의 감정을 인식하지도, 표현하지도, 인정하지도 못하는 아이가 다른 사람의 감정을 이해할 수 있을까? 다른 사람의 감정을 배려하고 공감할 수 있을까? 조절하고 참는 것이 과연 가능했을까? 감정 조절은 감정을 인식하고 표현하는 능력에 기반하여 발달한다. 화가 나지 않았다는데(화난 감정을 인식하고 인정하지 않았는데), 무엇을 조절한단 말인가.

게임놀이나 보드게임을 하면서 부모가 자신의 감정을 표현하고, 아이의 감정을 읽어 주는 것을 반복하다 보면, 아이 역시 자연스럽게 자신의 감정을 인식하고 표현하게 될 확률이 높다. 또한 부모의 감정 표현을 들으며, 상대방의 감정 상태에 대해서도 인식하게 된다. 그러면서 아이들은 자신의 그런 감정을 조절하는 연습을 하게 된다. '지금은 져서 화가 나고 속상하지만, 조금 참고 한 번 더 하면 잘할 수 있을 거야.' '져서 속상하긴 하지만, 엄마랑 노는 게 재미있어.' 점점 수용 가능한 방법으로 불쾌한 감정을 표현하거나 가라앉히는 조절 방법들을 연습할 수 있게 된다.

5) 게임 방법은 부모가 미리 숙지해 놓는 것이 좋다

아이와 게임을 마주하기 전에 부모가 먼저 해당 게임 방법을 미리 숙지해 놓는 것이 좋다. 요즘은 설명서뿐 아니라, 게임을 판매하는 회사의 인터넷 홈페이지에 들어가 보면 이해하기 쉽도록 게임 방법에 관한 동영상을 제공하는 경우도 많으니 이를 활용해 보도록 하자.

때로는 아이가 학교에서 이 게임을 해 봤다며 설명해 줄 수도 있다. 그러나 큰 기대는 하지 말아야 한다. 대체로 발달단계상 중학생 정도의 연령이 되기 전에는 순차적·논리적인 능력의 발달이 아직 미숙하기에 차근차근 복잡한 게임의 규칙을 적절한 언어로, 그것도 그 게임을 잘 모르는 상대의 입장을 고려해 가며 설명하기란 아주 아주 어려운 과제라는 것을 기억해야 한다. 아이한테 "그러니까 알아듣게 설명해 봐. 뭐라는 거야?"라며 핀잔을 주거나 답답해하다 분위기만 이상하게 만들 수도 있다. 그러니 부모가 규칙을 먼저 숙지한 후에 아이에게 하나씩 차근차근 설명해 주는 것이 더 낫다는 것이다. 치료사의 경우라면 당연히 더욱 그러한데, 설명서를 읽고 이해시키는 것이 치료의 목표가 아닌 이상, 모든 게임의 규칙은 치료사가 먼저 숙지하고(그럴 뿐 아니라) 익숙하게 그 게임을 할 수 있어야 한다. 그래야 보드게임을 치료적 도구로서 활용할 수 있게 된다.

6) 승패에 대한 부모의 태도가 중요하다

아이들에게 부모는 경쟁자인 동시에 동일시의 대상이 되기도 하고 모델링의 대상이기도 하다. 그러므로 게임의 승패에 대한 부모의 감정표현이나 태도는 매우 중요하다. 아이로 하여금 이기고 지는 데 몰두하지 않게 해 주어야 하며, 아이의 미성숙한 감정이나 행동을 다루는 방법을 몸소 보여 주어야 한다.

아이가 승패에 너무 매달린다면, 평소 부모가 은연중에 누가 더 잘하나, 누가 이겼나 결과에 치중해서 관심을 보이지는 않았는지, 아이가 잘했을 때만 사랑을 주지는 않았는지, 보드게임의 교육적 효과를 기대한 나머지 가르치려고만 하지 않았는지 점검해 보는 것이 필요하다.

한편, 게임을 하는 과정에서 아이의 마음을 읽어 주는 동시에 부모의 느낌도 솔직히 표현해 주는 것이 좋다. 그러면 아이는 속상한 마음을 공감받으면서 '나의 이 불편한 마음이 이런 마음이었던 거구나.' 하고 알아 가게 되고 감정을 조절할 수 있게 된다.

- "아, 진짜 아쉽네, 거기서 뒤로 가기가 나오다니 너무했어."
- "우리 ○○이가 이번에는 정말 많이 아쉽구나."
- "엄마가 봐도 아깝다, 아까워!"
- "아까 네 차례에 8칸 뒤로 가기 카드가 나왔을 땐 엄마도 마음이 철렁했다."
- "엄마라면 그때가 제일 속상했을 거 같아."

게임에서 진 부모의 태도 역시 중요한데, 졌다고 너무 속상해하거나 좌절하는 모습은 삼가야 한다. 그렇다고 너무 아무렇지 않은 모습도 부적절하다. "아~ 아쉽지만 이번엔 어쩔 수 없었어. ○○이가 쭉쭉 앞서가는데 그걸 어떻게 역전할 방법이 없더라. ○○이 왜 이렇게 잘하는 거야?" 하며 함께 기뻐하거나, 혹은 "엄마도 게임에서 지면 속상할 때가 있어. 아까는 아깝게 지니까 정말 화도 나더라. 그래도 ○○이랑 게임하는 게 너무 즐거워서 화나는 마음이 쏘옥 들어갔어."라고 이야기해 주는 정도가 좋겠다. 그러면 아이는 감정을 자유롭게 표현하도록 격려받음으로써 자존감이 생기고, 부모의 솔직한 표현을 보고 배움으로써 타인과의 관계를 원만히 해결해 나가는 법을 익히게 될 것이다.

3명 이상이 놀이했을 때는 그 안에서 일어나는 역동을 부모가 잘 포착해서 아이가 살펴보도록 하는 것이 필요하다. 이겼다고 눈치 없이 너무 좋아하거나 대놓고 자랑할 경우에는 "이겨서 기분이 좋구나. 축하해."라고 해 주고 나중에 아이와 따로 있을 때 말해 주자. "게임놀이를 하다 보면 이기든 지든 상관없이 즐거워하는 사람이 있기도 하고, 이겨서 신난 사람도 있고, 져서 속상한 사람도 있을 수 있어. 져서 속상한 사람 앞에서 이긴 사람이 자랑을 많이 하면 어떨까?(아이가 생각할 수 있게 조금 기다려 주고) 엄마 생각에는, 샘나는 마음이 들 수 있을 거 같아. 같이 놀이한 사람의 샘나고 속상한 마음까지 생각할 수 있다면 ○○이 마음이 더 커질 거야." 하고 시야를 넓혀 조망할 수 있도록 하는 것이다(그렇지만 승리한 마음을 즐긴 것에 대해 죄책감을 느끼지 않도록 너무 진지하게 하지는 말아야 한다). 그러면 다음번에 이겼을 때 아이는 이 말을 떠올릴 수 있을 것이고, 그렇지 않더라도 엄마가 슬쩍 사인을 주면 상기할 수 있을 것이다. 그렇게 나의 마음 말고도 다른 사람의 마음이 작동하고 있다는 것을 인식하고 자신의 행동을 조절할 수 있는 아이로 자라게 되는 것이다.

그리고 게임에서 져서 낙담해하는 아이에게는 이런 멘트도 기억했다 써 보자. "진짜 마음의 힘이 있는 사람은 지거나 잘 안 될 때를 견뎌 내는 사람이래. 오늘 우리 마음에도 견디는 힘이 좀 더 자랐겠다." 아이가 정정당당한 게임에서 졌을 때 경험하는 좌절은 성장의 발판이 되고, 좌절인내력을 기를 수 있으며, 새로운 일에 대한 도전 욕구도 키울 수 있기에 이긴 경험보다 더 값진 경험이 될 수 있는 것이다.

7) 아이와 놀이할 때는 승부의 조절이 필요하다

부모님들과 상담을 하다 보면 아이와 보드게임을 할 때 일부러 져 줘야 하는지에 대한 질문이 나온다. 앞서 이야기했듯이 어른들도 게임을 막상 시작하게 되면 이기고 싶은 승부욕이 발동한다. 처음에는 살살 봐주는 것처럼 하다가도 중요한 승부의 갈림길이 나타나면 이기고 싶어지기 마련이다. 어떤 부모님은 "봐주면서 하는 것은 공평하지 않잖아요. 애도 봐주면 다 알아서 시시해해요." "아이도 정정당당하게 하는 법을 알아야 하잖아요." 하면서 항상 게임에 최선을 다하고 아이에게 승부의 정당함을 일깨우며, 이기려면 스스로 열심히 노력해서 실력을 키울 것을 요구한다.

그럼 여기서 질문이 있다. 어른과 어린 아이가 같은 조건에서 맞붙는 것이 정정당당한 것인가? 잘 생각해 보면 이것은 출발선 자체가 정당하지 않다.

매번 어른에게 지는 아이는 어떨까? 재미없어서 다시는 안 하겠다고 하거나, 자기 실력대로는 안 되니 때로 속임수나 떼를 쓰거나, 밤새 이를 갈고 실력을 키울지도 모르겠다(마지막 후자의 경우에 해당하는 아이는 별로 본 적은 없지만 말이다). 입장을 바꿔서, 어른인 부모도 어떤 상대에게 게임에서 계속 진다면 어떨까. 아마도 금방 포기하는 경우가 많을 것이다. "난 저 사람에게는 안 돼. 못 이겨." "재미없어. 다시는 안 해." "이거 말고 다른 거 하자."라고 하기가 쉽다.

게임을 시작하는 초기에는 아이에게 일부러 져 줄 필요가 있다. 아직 초등학교에 입학하기 전인 어린 아이들이나 초등학교 저학년 아이라면 더욱 그렇다. 아이들이 져 주는 것을 눈치챌까 봐 걱정이 될 수도 있다. 그러나 실제로 해 보면 아이들은 자신의 게임에 빠져 있어서, 그리고 이긴 것이 기뻐서, 상대방이 일부러 져 주었는지 어땠는지 잘 알지 못한다. 최대한 자연스럽게 져 주는 기술은 필요하다.

어느 정도 져 줬다고 여겨지고, 아이가 즐거워하며 계속 게임을 반복할 때쯤 되면 한 번씩 이겨 보면서 아이의 감정 상태를 살펴보자. 치료사라면 훨씬 더 아이의 상황에 민감하게 반응하며 승부를 조작(?)할 필요가 있다. 상담실에서 만난 한 아이는 자신이 열 번을 이겨 놓고도 한 번을 지고 난 뒤 울고불고하면서 "선생님이 너무 잘해서 못 하겠다."라고 하는 아이도 있었다. 아이들에 따라서, 열 번을 이기면 세 번 정도는 져도 웃으면서 넘어가는 아이도 있고, 엎치락뒤치락 승부가 팽팽하게 유지되어도 그 긴장감을 이기면서 즐거워하는 아이도 있다. 처음 몇 번은 아이가 승리의 기쁨을 맛보며 한껏 즐거워하도록 한 뒤에, 한 번 이겨 보고, 아이의 상황을 지켜보면서 그다음의 승부를 조절해야 한다. 열 번을 이기고도 한 번 진 뒤 우는 아이에게는 천천히 진행할 필요가 있다. "네가 이제까지 계속 이겼잖아! 한 번 졌는데 뭘 그러냐." 하고 핀잔을 주는 것이 아니라, "네가 이제까지 열 번을 이기고, 내가 한 번 이겼는데도 그게 속상하구나. 나도 아까 지니까 잠깐 기분이 안 좋긴 하더라. 그래도 나는 너랑 같이 하는 게 재밌고 좋아서 그 마음이 견뎌져." 하고 구체적으로 이야기해 주는 것이 좋다. 아이들은 즐겁게 게임을 하고 유능감을 만끽하고 나면, 그래서 마음의 여유가 생기면 이전과는 다르게 조금 지더라도 참을 수 있게 된다. 게임에서 졌을 때 참는 것을 힘들어하는 아이들은 대체로 이제까지 승리의 기쁨을 많이 못 누려 봤기 때문에 열 번을 이기고도 질까 봐 불안한 것이다. 혹은 정반대로 어른들이 아이에게 다 비위를 맞춰서 아이가 이기는 경험만 했던 경우에도 그럴 수 있다. 지는 것은 상상할 수 없는 굴욕이라고 넘겨짚는 것이다. 두 경우 모두 충분히 이기게 해 주고, 한 번 져서 속상할 때 격려하고 다시 해 볼 수 있도록 지지하는 것을 반복하다 보면, 아이는 어느새 한 번, 두 번, 세 번 질 때까지도 참을 수 있는 힘을 기르게 된다. 이것이 그렇게도 중요하다고 강조하는 '좌절인내력'이다.

부모와 치료사를 위한 보드게임 놀이법

4. HOW

보드게임으로 어떻게 놀이해야 하는가

그렇다면 우리 아이와 '어떻게' 놀아야 할 것인가?

여기서의 핵심은 아이와 '놀아 주는 것'이 아닌 '함께 노는 것'이 되어야 한다는 것이다. 그래야 놀이가 즐거워진다. '놀아 주는 일'이 아닌, '함께 놀이하기'가 될 준비가 되어 있는지 다음 표에 제시되어 있는 사전 점검 사항 체크리스트를 확인해 보기 바란다.

★ 놀이 시작 전 점검 사항

	사전 점검 체크 리스트	확인
물리적 상황	핸드폰은 멀리 놓았는가? (꺼놓거나 무음 설정하기)	✓
	구성원 모두 놀이 시작 시간과 끝 시간을 알고 있는가? (놀이시간 안내하기)	✓
	부모가 게임 방법을 알고 있는가? (게임 방법 미리 숙지하기)	✓
	놀이 시간을 방해할 요소들이 제거되었는가? (다른 가족들, 가사일 등)	✓

심리적 상황	온 마음을 아이에게 집중할 준비가 되었는가? (다른 일이 머리에 들어오지 않도록! 걱정, 근심은 out! 마음의 평정상태 유지하기)	✓
	감정을 표현하고 수용할 준비가 되었는가? (모든 감정은 타당하다. 이기고 싶은 마음은 당연하다. 안 되면 짜증스러운 것도 아이에게는 자연스러운 일이다).	✓
	아이의 시도나 노력을 발견할 준비가 되었는가?	✓

보드게임 놀이를 할 때는 짧은 시간이어도 이기고 싶은 욕구, 힘을 확인하고 싶은 욕구, 인정받고 싶은 욕구, 자랑하고 싶은 욕구 등 여러 색깔의 욕구와 감정이 강렬하게 경험된다. 그리고 질까 봐 초조한 마음에서부터 지면 큰일 날 것 같은 불안감까지 감정의 채도와 명도도 다양할 것이다. 또한 이러한 욕구를 이루지 못했을 경우에는 좌절과 분노, 질투와 시기심의 감정이 몰려와 생각지도 못한 행동으로 표출될 수도 있다. 지면 목을 놓아 울거나 씩씩거리며 분노하는 날도 있을 수 있고, 차례도 지키지 않고, 규칙도 자기 마음대로 바꾸려고 하고, 은근슬쩍 속임수를 쓰다 들키는 날도 있을 것이다.

아이가 잘 놀다가도 이렇듯 갑작스럽게 미성숙하거나 문제가 되는 행동을 하면 소위 부모의 멘탈이 흔들린다. "애가 왜 이러지? 뭐가 문제지?" 하는 마음에 가슴이 뛰고 막막해진다. 이럴 때는 실제 위험한 상황이 아님에도, 뇌에 위험한 상황이라고 경고등이 잘못 켜진다. 이러면 우리 몸은 위험에서 다시 안전해지기 위한 생존모드로 가기 위해 우리가 가진 모든 에너지를 총동원하기 때문에 이성의 영역은 잠시 스위치가 꺼진다. 그렇기 때문에 이 상황에서 아이와 격돌하지 않으려면, 일단 부모가 자신의 상태를 진정시키려는 데 마음을 집중해야 한다. 진정이 된 상태가 찾아지면, 그때 비로소 아이의 입장에서 생각할 수 있게 되고, 해결책을 모색할 수 있게 된다. 아이로 인해 부모인 나의 멘탈이 흔들릴 때 마음의 평정을 찾고 문제를 해결해 나갈 수 있는 방법을 다음에 소개하니 함께 연습해 보도록 하자. 이 기술을 내 것으로 만들려면 이 역시 반복 또 반복하는 길밖에는 없다. 한두 번 만에 잘하게 될 수는 없다는 것을 기억하자.

1) 아이로 인해 부모의 멘탈이 흔들릴 때의 대처법

아이로 인해 부모의 멘탈이 흔들린다면, 지금의 문제해결에 앞서 부모가 스스로 자신의 상태를 진정시키려는 데 마음을 집중해야 한다. 진정이 됐다면, 그때 비로소 아이의 입장에서 생각할 수 있게 되고, 해결책을 모색할 수 있게 된다. 따라서 자신의 상태를 진정하는 데 정신을 모아야 하는 전반전(①~②)을 잘 치르고 나면 이후의 단계들은 생각했던 것보다 수월하고 멋지게 해낼 수 있다.

멘탈, 절대 지켜! 7 step

① 내가 하려는 말이나 행동을 일단 멈춘다.

② 깊게 숨을 한번 들이키고 "후~~~~." 하고 길게 내쉬며 자신의 당황스러운 마음을 진정시키는 데 집중한다. 호흡 이외에 초콜릿이나 사탕 또는 얼음 하나를 입에 넣고 녹을 때까지 감각에 집중해 보는 것도 좋은 방법이다. 아이에게로 향하는 에너지를 자신에게로 돌려 마음이 평온해지는 데 쓰자.

③ 마음이 어느 정도 진정되면 아이가 지금 어떤 감정을 느낄지 '아이 입장에서 생각'해 본다. 이때 '내 아이의 나이'에서 '그 나이의 절반만큼의 나이'를 뺀 나이로 아이를 보자. 아이가 여덟 살이면 4를 뺀 나이인 '네 살의 아이'로 아이를 보는 것이다. 그래야 '지금 네 나이가 몇인데 이런 걸 갖고 울어? 이게 울 일이야?'라고 생각되던 아이의 행동이 '그래, 아직 어리니 그럴 수 있지.' 하며 '그럴 수 있는 행동'으로 쉽게 수용이 된다. 일단 이 방법을 단단히 장착하는 것이 중요하다. 그러면 언제 어디서든 우리는 온유한 부모가 될 수 있다.

④ 짐작되는 아이의 의도와 감정을 말로 전달해 본다.

이때의 말투는 (엄마의 짐작이 틀릴지도 모르니) 겸손하고 부드럽게 토닥이듯 하는 것이 중요하다. "○○이가 이번 게임에서만큼은 꼭 이기고 싶은가 보구나. 이기지 못할까 봐 갑자기 마음이 급해졌어?"라는 식으로 아이 마음을 짚어 주고 가는 것이다. 그러면 아이는 '그렇다.'고 하거나 '아니.'라고 하거나 '모르겠다.'고 할 것이다. 아이의 마음을 정확히 맞췄느냐 아니냐는 그리 중요하지 않다. '내가 힘들어서 어찌할지 모르는 이 상황에서 우리 엄마만큼은 내 마음을 알아주려 하는 것 같다.'라는 느낌이 아이에게 전해지면 성공적이다. 이 마음이 전해지고, 그래서 아이가 내 마음이 어떤지 엄마로 인해 알 수 있게 되는 이러한 과정이 있느냐 없느냐는 아주 큰 차이를 갖는다. 실제로 해 보면 아이의 감정을 짐작해서 읽어 주는 그 효과를 몸으로 느낄 것이다. 부모인 내가 어렵게 시간을 내어 아이랑 놀았으나 뭔가 개운치 않고 찜찜한 마음이 한 구석에 있다면 사실, '아이의 감정 읽기'를 놓친 경우가 대부분이다.

⑤ 아이의 감정과 행동을 연결시켜 이야기해 준다.

(엄마가 이해했다는 표정과 어조로 나긋하게) "아~ 그러니까 질까 봐 조급해져서 네가 두 번 다 하겠다고 한 거였구나."

⑥ 그 뒤 엄마의 마음상태도 언급해 준다.

"엄마는 네가 갑자기 차례를 어기고, 네 차례라고 하니까 순간 당황했어." 이렇게 감정과 행동을 연결시켜 이야기해 주고 상대의 마음상태를 언급해 주는 것은 아이가 타인의 마음을 읽는 능력을 향상시켜 주는 중요한 역할을 한다. 타인의 마음을 읽는 능력은 사회성에서 큰 부분을 차지하는 요인이다.

⑦ 그리고 나서는 "자, 그럼 우리 이제 어떻게 하면 좋을까?" 하고 아이와 함께 방법을 의논하는 것을 잊지 말자. 이러한 과정은 아이로 하여금 자신이 존중받는다는 느낌을 갖게 하고, 문제를 조율해 나가는 경험이 된다.

2) 이럴 땐 이렇게! [상황별 대처법]

(1) 아이에게 자꾸만 가르쳐 주고 싶은 마음이 들 때

보드게임을 하다 보면 규칙이 다소 복잡하거나 전략이 필요한 경우가 있다. 아이가 게임을 하고 있는 것을 보고 있노라면, 답답하기 이를 데 없는 경우가 생긴다. 조금만 알려 주면 잘할 것 같은데, 아이는 막무가내로 아무 생각이 없는 것 같다. "잠깐만, 그럴 땐 이렇게 해야지!"

우리는 아이들보다 많이 안다. 대체로 그렇다. 그래서 자꾸 알려 주고 싶고 교육하고 싶다. 심지어 네 살 난 아이가 기찻길을 만들 때에도 잘못 끼우는 것을 보면, 아무렇지도 않게 "이렇게 하는 거야!" 하고 알려 준다. 아이가 잘 모르는 것을 알려 주는 교육과 훈육의 의무는 부모로서 당연하지만, 놀이하는 시간까지 아이에게 무언가 자꾸만 가르쳐 주려고 한다면 아이는 어떨까. 입장을 바꿔서, 내가 어떤 일을 서툴게 하고 있는데, 옆에서 누군가가 계속 이렇게 해라, 저렇게 해라 가르치고 간섭한다면 어떨까. 그만두고 싶어질지도 모른다. 아이와 놀 때 가장 중요한 것은 즐거움이다. 보드게임에서 즐거움을 빼앗는 가장 큰 지점 중 하나가 바로 부모의 '가르치려는 태도'이다.

일단 아이에게 가르치기 전에 '아이의 시도'를 먼저 포착하고 알아봐 주길 당부한다. 우리가 가르치기 전에 아이 스스로 이미 노력하고 발견하고 해내고 있는 것들이 있을 것이다. 그 순간을 놓치지 않고 알아봐 주어야 한다. "우와~ 꼼꼼하게 살피는구나." "네가 이렇게 하는 방법을 알아냈구나(발견했구나)." "어떻게 할 것인지 네가 계획을 세웠구나." "포기하지 않고 해냈구나."와 같은 멘트를 입에 자연스럽게 붙도록 연습했다가 꼭 써 보자.

아이에게 게임의 전략이나 무언가를 가르치고 싶을 때 좋은 방법이 있다! 바로 자신의 전략을, 자신의 차례에 혼잣말처럼 소리 내어 말로 하는 것이다. 'Think Aloud'라고 하는 놀이치료 기법을 아이와 게임을 할 때 적용해 볼 수 있다. 아이와 게임을 할 때, 자신의 차례가 되었을 때, 머릿속에서만 생각하던 게임 방법이나 전략을 소

리 내어 이야기하면서 게임을 하는 것이다. 많은 사람이 알고 있는 윷놀이로 예를 들어 보자. 아이와 윷놀이를 할 때, 아이의 말을 이렇게 움직여라, 저렇게 움직여라 하고 잔소리를 하는 것이 아니라, 자기 차례가 되었을 때, "아, '걸'이 나왔네. 가만 보자, 어떤 말이 움직이는 것이 더 유리할까. 음~ 첫 번째 말이 움직이면 빙 돌아가야 하네, 두 번째 말이 움직이면 상대방 말을 잡을 수 있구나, 그럼 두 번째 말을 움직여야지!" 하고 머릿속에서 생각하는 전략을 큰 소리로 말하면서 하는 것이다. 아이들은 상대방의 이런 말을 들으면서 게임의 전략을 익힐 수 있다. 특히나 충동적이고 산만한 아이들에게 이 방법은 매우 효과적이다. 혼내지 않으니 아이들도 기분 상할 일이 없고, 전략을 알게 되니, 게임에서 이길 수 있는 확률도 높아진다. 반복해서 이 방법을 한번 사용해 볼 것을 권한다. 즐겁게 아이들을 변화시킬 수 있는 일석이조의 방법이다.

(2) 승부에 지나치게 집착할 때

게임이 시작되면 아이들은 이기려고 애를 쓴다. 주사위 한 번 던질 때마다 기뻤다가 실망했다가 마음은 롤러코스터를 탄다. 때로는 '엄마 때문'이라며 남 탓도 한다. 지켜보는 부모 마음이 불편하겠지만, 이러한 모습은 아이들에게는 지극히 자연스러운 발달과정이다. 단지 그 '정도'가 과한가, 그렇지 않은가의 차이이다. 정도가 과하다면 차례를 지키지 않기도 하고, 속임수를 쓰기도 하며, 규칙을 바꾸자고 하는 행동을 보일 수 있다. 무엇보다도 안타까운 것은 경쟁적인 아이는 결과에만 초점을 두기 때문에 게임하는 과정을 즐기지 못한다는 것이다. 빨리 이겨서 담판을 내야 안심이 되므로 상대를 재촉하거나 차례를 기다리지 못한다. 상대가 이기고 있으면 안절부절못하고 우기기도 한다. 아이가 긴장하고 있다는 신호이다.

아이가 승부욕이 너무 강하다면 함께 하는 어른이 보다 편안하고 여유로울 필요가 있다. 아이가 이기고 싶어 잔뜩 긴장하고 있는 딱딱한 마음을 따뜻하게 품어 녹여 줘야 하기 때문이다. 그러나 이러한 아이를 둔 많은 부모는 아이의 승부욕을 꺾어 줘야 하는 건 아닐까 하는 고민을 한다. 밖에서 친구들하고 있을 때 이런 모습을 보일까 봐 걱정이 되기 때문이다. 그러나 오히려 이런 아이일수록 한동안은 져 주는 것이 좋다. 특히나 엄마나 아빠와 보드게임하는 것이 얼마 되지 않았다면 더욱 그렇다. 일단 게임하며 놀이하는 과정이 편안하다는 것을 많이 경험해야 한다. 이겨서 환희에 가득 차고, 뿌듯한 감정을 충분히 경험하고 싶은 것이다. 그리고 아이가 실수하거나 졌을 때의 그 마음을 공감해 주어야 한다. 아이가 좌절감을 느낄 때 공감해 줄 대상이 없다면, 그 감정을 혼자 처리하는 것은 고통스러운 일이다. 그렇게 지는 것과 고통스러운 감정이 연합되면 이기지 못한다는 것은 생각만 해도 몸서리치게 싫은 것이 된다.

우선은 이겨서 안심되는 경험을 더 많이 해야 한다. 그래야 게임하는 동안 만나게 되는, 이길 듯 질 듯한 아슬아슬한 긴장과 불안을 견뎌 내며 끝까지 게임을 해낼 수 있게 된다. 부모는 승부의 결과보다 그러한 마음을 안고도 포기하지 않고 끝까지 게임을 완수해 낸 것에 큰 의미를 부여해 주어야 한다. "조마조마한 마음으로도 포기하지 않고 끝까지 해냈어. 그게 얼마나 멋진 일인데! 장하다, 우리 ○○이!" "이번 게임을 즐겁게 마칠 수 있었던 건 ○○이가 지는 상황에서도 규칙을 잘 지킨 덕분이야. 이번 게임은 정정당당한 멋진 게임이었어." 하며 충분히 알아주고 기뻐해 주자.

그리고 부모가 불리한 상황에 처했을 때 긍정적 언어를 사용하는 모습을 보여 줌으로써 이것을 모델링할 수 있게 하는 것도 필요하다. 부모의 긍정적 언어 사용은 '어차피 내가 졌어.' '난 맨날 운이 없어.' '나한테만 항상 나쁜 게 와.'라는 식의 부정적 사고를 갖고 있는 아이에게 이를 전환시켜 긍정적 정서로 이끌어 주는 효과를 발휘한다. 게임이 진행되고 있는 중이라면 "아직 끝나지 않았어, 포기하지 않아." "마지막 역전이라는 것도 있잖아. 끝까지 할 거야." "즐겁게 하다 보면 행운이 올 거야. 그러니까 기분 좋게 해 보자."라는 식의 멘트를 사용할 수 있을 것이다. 게임이 지는 것으로 끝났을 때에는 "난 졌지만 페어플레이를 했으니까 잘한 거야(멋진 거야)." "게임에서 항상 이길 순 없지. 오늘은 졌지만 다음엔 이길 수 있어." "게임에서 졌다고 오늘 하루 내가 엉망인 건 아니야."라는 긍정적 언어를 부모 자신에게 소리 내어 써 보는 것이다.

그러면 아이는 서서히 지는 것을 두려워하지 않게 되고 더 이상 승부에 집착할 필요가 없게 될 것이다. 그리고 때로는 제비뽑기를 해서 나오는 사람이 이기도록 도와주는 게임 방법도 추천한다. "오늘은 ○○이가 더 잘할 수 있게 내가 열심히 도와줄게." 하고 말이다.

아울러 아이의 승부욕에 부정적인 뉘앙스를 전달하지 않도록 유의하자. 승부욕이 나쁜 것은 아니지 않는가. "엄마는 네가 승부욕이 있는 거 좋아. 그건 살면서 필요해. 그런데 이 게임놀이는 잘될 때도 있고, 안 될 때도 있고, 또 하다 보면 점점 잘하게 되는 거니까 졌다고 너무 속상해하진 않았으면 좋겠다."라고 말해 주면 어떨까.

(3) 규칙을 자기 마음대로 바꾸려고 할 때

게임의 원래 규칙이나 사전에 서로 합의된 규칙에 따르지 않고, 규칙을 바꾸자고 하는 아이도 있다. 아이가 규칙을 바꾸려고 할 때는 일단 아이의 이야기를 들어 보자. 아이는 이기고 싶어서 규칙을 바꾸려고 할 수도 있고, 창의력을 시험해 보고자 규칙을 바꿔 보려고도 할 수 있다. 지지 않으려고 규칙을 바꾸려는 아이와 창의력을 시험해 보고자 규칙을 창조해 내려는 아이는 표정과 분위기로 쉽게 구분해 낼 수 있을 것이다. 그러나 대처 방법은 같다.

- 아이의 말을 끝까지 경청하기
- "오~ 그것도 괜찮은 방법인데! 어쩜 그런 생각까지 했어?" 하며 인정해 주기
- "그러면 이번 판 끝나고 다음 판은 '○○이가 만든 규칙'으로 해 보자. 그런데 이건 우리 집에서만 통하는 특별 규칙이다!"라고 이름 붙이고 수용하기
- 반칙했을 때는 어떻게 할지도 함께 의논해서 정하기(즉, 반칙에 대한 룰도 만들기)

이처럼 아이의 말을 경청하고 난 후에는 되도록 아이의 제안을 받아들여 주는 것이 좋다. 어렵고 심각한 문제도 아니고 즐겁고 행복하기 위해 아이와 게임을 하면서 정해진 규칙을 꼭 따르기 위해 아이의 창의적인 제안을 무시할 필요가 있을까? 어

렸을 때를 생각해 보라. 동네마다 고무줄 놀이의 규칙이나 공기놀이 규칙이 다르고, 하다못해 어른들의 놀이인 고스톱 게임도 집집마다 규칙이 조금씩 다르지 않은가.

다만, 아이가 아무 때나 자기 마음대로 계속해서 규칙을 바꾸려고 한다면 이때는 지혜가 필요하다. 원칙적으로는, 규칙을 잘 준수하는 조금 큰 아이들의 경우에는 게임이 진행되고 있는 중간에 변경하기보다는 해당 라운드가 끝난 다음의 라운드부터 새 규칙을 따르도록 제안한다. 그렇지만 아직 어리고 조절이 부족한 아동이라면, "언제부터 그 규칙으로 하고 싶어?" 하고 물어 보자. 아이가 "지금부터 바로."라고 한다면 우선 모두의 합의하에 변경된 규칙이 모두에게 공평하게 적용되며, 아동에게만 유리한 것이 아니라는 점을 상기시켜 줄 필요가 있다. 그런데, 부모님들에게 이렇게 말씀드리고 나면 항상 미심쩍어하며 "그러면, 아이가 다른 친구들하고 게임을 할 때, 자기 규칙이 맞다고 우기면 어떻게 해요?"라며 되물으신다. 물론 이런 걱정도 이해는 된다. 이럴 때는 "이번 게임 규칙은 우리 집에서만 통하는 특별 규칙!"이라고 명시해 주면 된다. 여기서 중요한 것은 변경된 규칙으로 게임할 때에도 그것을 어기면 반칙이므로 반칙에 대한 대응방식을 어떻게 하면 좋을지 결정하고, 실제로 반칙이 생겼을 때에는 어김없이 그 대응방식대로 실행해야 한다는 것이다. 그래야 사회적 관계에서는 서로 정해 놓은 일정한 규칙을 따르는 것이 중요하다는 것을 학습하게 된다. 또한 이렇게 조율을 통해 자신의 주장이 수용되고, 규칙을 융통성 있게 적용하는 것을 경험한 아이들은 친구들과의 갈등 상황에서 내 것만 맞다고 고집부리지 않고 자연스럽게 이 조율과정을 적용할 수 있다. 자기 의견을 주장하면서도 서로의 의견을 귀담아들어 주고 조율하고 협상하여 문제를 해결하는 능력은 사회화 과정에서 매우 중요하다.

(4) 속임수를 쓸 때

속임수란 아동의 경쟁적인 욕구와 채워지지 않은 바람 사이의 간극으로 인해 야기되는 행동이다. 이겨야만 내가 가치 있고 사랑받을 수 있다고 느끼기에 속임수를 써서라도 이겨야만 하는 것이다. 속임수에는 빨리 결과를 얻어 내고픈 충동성과 '속임수를 쓰지 않으면 절대 이길 수 없겠다.'라는 잘못된 믿음이 내재되어 있을 수 있다. 속임수를 쓰는 아이들의 마음을 살펴보면, 자신에 대한 신뢰, 자존감이 낮은 아이들이 많다.

아이가 속임수를 썼을 때 부모의 반응은 다양하다. 어떤 경우는 모른척하거나 은근슬쩍 넘어가 주기도 하고, 어떨 때는 혼을 내기도 한다. 그것이 잘못된 행동이라는 것을 잘 가르쳐 주는 것이 기본적인 원칙이나, 아이의 연령이나 발달적 상황에 따라서는 약간의 융통성도 필요하다. 다만 완전히 모른 척을 해서 아이로 하여금 속임수를 용인하는 것으로 오해하게 하거나, 아이가 수치심을 느낄 정도로 '나쁜 아이'로 몰아 혼내는 것은 절대로 하지 말아야 한다.

아이가 게임에서 속임수를 쓸 때에는 앞서 설명한 '승부에 집착하는 아이의 경우'에 대처하는 내용을 적용하되 이 경우에는 특히 정정당당하게 하는 것이 이기는 것임을 아이에게 가르쳐 주는 작업이 필요하다.

- 하나의 게임이 즐겁게 마무리될 수 있는 것은 구성원 모두가 정정당당하게 임한 덕분이라는 것을 강조해야 한다.
- 그렇게 하려고 노력하고 기여하는 아이의 모습을 놓치지 않고 알아주어야 한다.
- 정정당당하게 하지 않으면 함께 하는 사람들이 기분 나빠져서 그날은 그만 놀고 싶어진다는 솔직한 마음도 표현해 주어야 한다.
- 거짓말을 해서 속이고 속는 것이 규칙인 '속이기 게임'들을 활용해 보자. 속이고 싶은 욕구를 '게임룰'이라는 정해진 프레임 안에서 용인된 방법으로 사용해 볼 수 있도록 말이다.
- 일상에서 승패와 상관없이 존중받는 경험들을 많이 하게 되면 속임수는 더 이상 필요하지 않게 될 것이다.

(5) 차례를 지키지 않을 때
차례를 지키지 않는 아이의 마음에도 꼭 이겨야만 될 것 같은 불안과 긴장, 초조

함이 있다는 것을 이해해야 한다. 게임 도중에 차례를 지키지 않는 아이의 모습이 발견되면, 잠시 속도를 조절할 필요가 있다. "○○야, 너 지금 너무 급해, 조금 천천히 하자."라고 하거나 아이와 부드럽게 스킨십을 나누며 토닥여 주는 것도 좋다. 그런 다음에는 "그런데 지금은 엄마 차례야."라고 차례를 확인시켜 주어야 한다. 엄마의 차례가 끝나고 나면, 다시 아이의 손을 부드럽게 잡거나 눈을 맞추며 "이번엔 ○○이 차례다!" 하며 차례를 지키도록 도와주는 것이 좋다. 그런데도 차례를 지키지 않는다면? "오늘은 ○○이가 차례 지키기를 힘들어하네." 하고 한 번 짚어 주자. 그리고 "게임은 차례를 지켜야 재미가 있는 법이거든. 차례를 안 지키면 누구든 기분이 나빠지지." 하고 원인과 결과를 연결해 주고 함께 놀이한 사람들의 감정까지 전달하면 된다. 단, "너 때문에 이렇게 됐잖아, 너는 이게 문제야." 하는 식으로 아이가 수치심을 느끼게 해서는 안 된다. 누구나 그런 마음이 들 수는 있고, 오늘은 그랬지만 다음엔 그러지 않으면 된다고 다독여 주자. 한두 번 정도 아이가 차례를 지키지 않는다고 그날 놀이를 중단할 필요까지는 없다.

　그런데 다음에도 또 차례를 지키지 않는다면? 그래도 똑같이 앞의 방법을 적용하면 된다. 한 번의 경험으로 사람의 행동이 달라질 수는 없다. 행동이 변화하기 위해서는 무수히 많은 반복을 거쳐야 한다. 부모는 아이에게 언제고 기회를 다시 주는 존재여야 한다. 차례를 지키려고 잠시라도 애쓰는 그 순간을 잘 포착해서 알아주면 된다. 그리고 그렇게 노력한 만큼 마음의 힘이 더 자랐다고 표현해 주자. 그리고 그 기특함을 엄마, 아빠도 진심으로 느끼면 된다.

보드게임을 통한 발달 UP 프로젝트

PART 2

보드게임 놀이를 시작하기 전에 알아 두어야 할 사항

1. 이 책에 소개한 보드게임들은 저자가 현장에서 아이들과 놀이했을 때 반응이 좋았을 뿐만 아니라 발달을 촉진하는 효과가 있는 게임으로 선정하였다.

2. 보드게임의 권장 연령은 임상 경험을 토대로 적절하다고 제안한 연령으로, 실제 상품에 표기된 사용 연령과는 다를 수 있다.

3. 아이의 전체적인 발달을 균형 있게 조망하고 약점 영역을 촉진해 줄 수 있는 보드게임을 선택하기에 용이하도록 69개의 보드게임을 크게 4개의 주제로 나눈 후 총 16개의 범주로 제시하고 있다. 보드게임 놀이들을 선택할 때는 아이가 지금 시점에서 잘할 수 있고 좋아하는 게임으로 시작하고, 그것들을 충분히 숙달하며 유능감을 경험할 수 있도록 해야 한다. 아이의 약점 영역을 도울 수 있는 보드게임 선택은 앞선 이 경험들이 종잣돈처럼 통장에 쌓였다고 생각할 때 하나씩 시도해 보기를 권한다.

부모와 치료사를 위한 보드게임 놀이법

5. 즐거운 보드게임

1) 파티 게임 ───── 텀블링몽키, 서펜티나, 코코타키, 키키리키, 두더지 땅파기

2) 주사위 게임 ───── 캔디랜드, 퍼니버니, 뱀 사다리 게임. 개구쟁이 스머프 사다리 게임. 트러블

3) 속이기 게임 ───── 프레즌트, 챠오챠오, 바퀴벌레 포커

텀블링 몽키

(5세 이상, 2~4명)

☑ **전문가의 선택**

> 야자수에 꽂혀 있는 막대에 원숭이들이 꼬리를 걸고 대롱대롱 매달려 있는 모습이 재미있는
> 텀블링 몽키는 게임 방법이 직관적이며 전략적 요소가 적어 어린 아이들도 즐겁게 할 수 있는 대
> 표적인 보드게임 중의 하나이다.

#가족모두 파티 게임 #소근육조절 #정서조절(분노조절) #공격성 조절

이미지 출처: 코리아보드게임즈(https://www.koreaboardgames.com).

 놀이 방법

　먼저 야자수를 조립한 후 나무의 몸통에 난 여러 구멍에 색색의 막대를 촘촘히 모
두 꽂는다(이때 서로 마주하고서 막대를 꽂는다면 막대가 상대편 쪽 구멍을 통과할 수 있
으니 구멍 가까이 얼굴을 가져가지 않도록 주의한다). 그런 다음 원숭이들을 야자수 꼭
대기에서 나무 안으로 쏟아 넣는다. 원숭이들이 아래로 내려가면서 꼬리가 막대에

걸리게 된다.

플레이어는 자신의 차례가 되면 주사위를 굴려 나오는 색깔의 막대를 순서대로 뽑는다. 막대를 뽑으면 해당 막대에 걸려 있는 원숭이들은 바닥으로 떨어지거나 더 밑에 있는 막대에 걸리게 되는데, 원숭이들을 바닥에 가장 적게 떨어트리는 사람이 이긴다.

 응용 방법

- 원숭이를 적게 얻으려면 막대를 뽑는 행동을 하기 전에 무엇을 뽑을지 먼저 탐색하고 결정한 후 막대를 조심스럽게 뽑을 수 있어야 한다. 따라서 움직임이 크거나 서툴고 충동적인 성향의 아이들은 원숭이를 적게 얻는 일이 쉽지 않을 수 있다. 이럴 경우 막대를 뽑기 전에 어떤 막대를 뽑는 것이 유리한지 먼저 생각할 수 있도록 함께 게임을 하는 성인이 탐색하는 과정을 보여 준다(예: "어디에 원숭이가 많이 걸려 있나? 이걸 뽑으면 원숭이가 많이 떨어질 수 있겠네." "어디 보자, 원숭이가 적게 걸린 막대가 어느 것이지?" "적게 걸려 있는 이걸 뽑아야지!"). 때로는 이런 탐색과정을 거쳤지만 원숭이가 많이 떨어지기도 할 것이다. 그럴 경우에는 "아이고, 아래쪽에 걸렸네, 그걸 생각 못 했다."라고 하며 예측이 틀린 것도 보여 주는 것이 좋다. 이러한 과정을 아이들이 모방하고 학습할 수 있도록 하는 것이다.
- 원숭이를 많이 얻어서 속상해한다면 원숭이가 많으면 많을수록 좋은 '원숭이 동물원 만들기' 역할놀이를 해 보자. 아쉽고 속상한 마음을 미처 생각지 못했던 다른 방법을 통해 긍정적인 감정으로 바꿀 수 있다는 것을 경험하는 것은 유연한 사고력과 좌절인내력을 길러 준다.
- 최근에는 원통형의 '야자수' 대신 사각기둥의 '포켓몬 센터'에서 '원숭이'가 아닌 '피카츄'가 떨어지지 않도록 하는 '텀블링 포켓몬'도 출시되었다. 아이들에게 인기 있는 캐릭터라는 점과 사각기둥에 막대를 쉽게 세팅할 수 있다는 장점이 있다.

전문가의 노하우 ▷

파티 게임을 할 때에는……

파티 게임을 할 때는 그 목적이 '즐거운 경험을 함께하기'라는 것을 기억해야 한다. 이것을 깜빡하면 자칫 교육적인 분위기로 흐를 수 있기 때문이다(그 분위기의 감지는 부모보다 아이들이 더 빨리, 정확하게 알아차린다).

파티 게임이 교육목적이 아닌 '즐거운 경험을 함께하기'가 되려면…….

① 먼저 부모가 미리 게임의 방법을 숙지해야 한다.

② 게임상자를 개봉하였을 때 게임 방법을 설명하는 데 급급하기보다 아이들이 게임 구성품을 탐색할 시간을 갖는다.

③ 처음에는 이기고 지는 것 없이 놀이처럼 혹은 연습 삼아 해 보는 시간을 갖는다. 첫 판부터 승패가 나뉘는 게임으로 들어가면 '과정'보다 '결과'에 초점이 맞추어질 수 있다. 이기고 진 '결과'보다 게임하는 시간 동안 웃고 환호하거나 아쉬워하고 공감해 주는 '과정'을 함께 경험하는 것이 핵심 포인트가 되어야 한다.

④ 그러기 위해서는 부모 역시 보드게임의 재미를 느끼고 즐겨야 한다.

서펜티나

(6세 이상, 2~5명)

☑ **전문가의 선택**

서펜티나는 설명서를 읽지 않아도 직관적으로 이해될 만큼 간단하고 쉬운 게임으로 어린 아이들도 쉽게 할 수 있으며, 좀 더 높은 연령의 아이들도 즐겁게 즐길 수 있어서 온 가족의 파티 게임, 혹은 보드게임을 접하는 어린 연령의 아동에게 적합하다.

#가족모두 파티 게임 #어린아이도 함께 #색인지 #형태인지 #전체와 부분의 통합능력

이미지 출처: 코리아보드게임즈(https://www.koreaboardgames.com).

 **놀이 방법**

모든 카드(머리카드, 몸통카드, 꼬리카드)를 가운데 모아 더미를 만들어 놓는다. 자신의 차례가 되면 더미에서 카드를 1장 뒤집어 가운데 바닥에 내려놓는다. 이때 이미 바닥에 내려놓아진 다른 카드 중 같은 색깔이 있다면, 같은 색깔끼리 맞닿게 연결한다. 연결되는 카드가 없다면 한쪽 옆에 따로 놓는다. 자신의 차례에 뒤집은 카

드로 인해 머리, 몸통, 꼬리가 연결된 뱀이 완성된다면, 그 사람이 완성한 뱀 카드를 자신의 앞으로 가져다 놓는다. 뱀을 가장 많이 완성했거나, 또는 가장 긴 뱀을 만든 사람이 승리하게 된다. 단, 무지개색 머리와 꼬리는 특수카드로 어떤 색깔과도 연결될 수 있다.

 응용 방법

- 모든 카드를 이용하여 뱀을 계속 연결해서 가장 긴 뱀을 만들며 놀이할 수 있다.
- 원래의 규칙과 반대로 다른 색으로만 연결하기로 뱀을 만들어 볼 수 있다.

코코타키

(7세 이상, 2~10명)

☑ **전문가의 선택**

> 트럼프 카드(플레잉 카드)로 즐기는 원카드 게임으로 우노 게임과 규칙이 유사하다. 귀여운 동물
> 그림으로 이루어져 있어 나이가 어린 아이들과 즐기기 좋은 간단한 카드 게임이다. 게임의 규칙
> 을 조금씩 변형하면서 난이도를 조절할 수 있으므로 초등학교 이후 아이들과 모두 함께 하기에
> 좋다.

#가족모두 파티 게임 #첫카드게임 #분류개념 #공통점과 차이점 #반응억제 #충동조절

이미지 출처: 아미고 보드게임사.

 놀이 방법

　플레이어는 각각 여덟 장의 카드를 받고, 나머지 카드는 가운데 더미를 만들어 놓
은 뒤, 1장만 더미 옆에 펼쳐 놓는다. 자신의 차례가 되면 가운데 펼쳐진 카드와 같
은 색, 혹은 같은 동물의 카드를 1장 내려놓을 수 있다. 단, 내려놓을 때는 동물에 해

당하는 울음소리를 내어야 한다. 내려놓을 카드가 없을 경우 더미에서 1장 가져오
며, 모든 카드를 가장 빨리 내려놓는 사람이 승리한다. 그러나 빨간색 카드는 내려
놓으면서 소리를 내면 안 되며, 빨간 수탉카드는 "꼬끼오."라고 말해야 한다.

응용 방법

처음 게임을 접할 때는 소리를 내지 않고 카드를 내려놓는 규칙으로만 진행해 본
다. 그 이후에 동물 소리를 내는 규칙을 더하고, 이 규칙에 익숙해지면 다시 빨간색
카드에 소리 내지 않기, 그다음에 빨간색 수탉카드에 "꼬끼오."라고 외치기 등의 규
칙을 점차 추가하여 진행한다.

키키리키(닭장소동)

(7세 이상, 2~4명)

☑ **전문가의 선택**

키키리키는 규칙이 단순하고 게임재료가 흥미로워 어린 연령의 아동들과 함께 놀이하기에 적합하다. 가족끼리, 혹은 아이들끼리 모여 왁자지껄, 스펙터클하게 놀기에도 좋다. 특히 단순하지만 상대말을 공으로 맞혀서 떨어뜨리는 공격을 할 수 있는 규칙이 있어, 자연스럽고 안전하게 자신의 공격성을 표현할 수 있다. 물론 공격을 당해서 내 말이 밑으로 떨어질 때는 내가 떨어지는 것 같은 아픔을 감수해야 하므로, 상대방의 공격을 잘 방어하고 내 마음도 조절하는 연습까지 덤으로 할 수 있다.

#가족모두 파티 게임 #소근육조절 #정서조절(분노조절) #공격성 조절

이미지 출처: 예스24(https://www.yes24.com).

 **놀이 방법**

각 플레이어는 자신의 암탉(말) 색깔을 결정한다(서로 다른 모자를 쓴 3개가 한 팀). 자신의 암탉(말) 3개가 한 칸씩 위로 이동하여 맨 위 칸까지 먼저 이동하면 승리하

는 게임이다. 자신의 차례가 되면 2개의 주사위를 굴린다(하나는 모자 모양만 있는 주사위, 하나는 모자 그림과 수탉 그림이 있는 주사위). 모자가 나오는 경우 해당하는 암탉을 한 칸 위로 이동하고, 수탉 그림이 나오는 경우는 품고 있던 달걀로 상대 암탉(말)들을 맞혀서 쓰러트릴 수 있는 기회를 얻게 된다. 쓰러진 암탉(말)은 그 위치에서 다시 시작해야 한다.

 응용 방법

아이들은 달걀을 굴려 상대방의 닭을 맞혀 쓰러뜨릴 때 탄성을 지르며 좋아한다. 내적으로 쌓여 있던 부정적인 에너지를 허용된 방법으로 발산함으로써 희열을 느끼는 것이다. 게임을 할 때 각각의 닭들에게 이름을 붙여도 재미있다. 아이들은 이때 자신의 마음에 들지 않았던 친구의 이름을 붙이기도 하는데 그럴 땐 닭이 달걀 공격에 쓰러지면 더욱 통쾌해한다. 한편, 자신의 모습 중에 마음에 들지 않는 부분을 이름으로 붙이기도 하는데(예: 버럭이, 실망이, 겁쟁이) 이럴 때는 닭에게 "○○아, 버텨! 실망하면 안 돼! 다시 일어나! 괜찮아!"라고 격려나 응원을 하는 모습도 발견할 수 있을 것이다.

전문가의 노하우

아동의 공격성에 대하여

공격성이라는 말은 일단 부모들에게는 무섭고 없애야 할 것으로 느껴지기 마련이다. 공격성이 타인에게 폭력적인 행동을 하는 부정적 의미로 인식되어 왔기 때문이다. 그러나 공격성은 아동뿐 아니라 성인들에게도 삶에서 없어서는 안 될 중요한 심리적 구성요인 중 하나이다. 여기에서 말하는 공격성이란, 일반적으로 우리가 생각하는 물리적으로 타인을 공격하거나, 물건을 부수거나 하는 식의 행동을 이야기하는 것이 아니라, 누구나 마음속에 있는 분노나 미움, 화, 타인에 대한 원망 등을 이야기하는 것에 가깝다. 이러한 공격성은 자연스럽고 당연한 감정이므로 누구나 마음속에 가지고 있으며, 없앨 수 있는 것이 아니다. 없애려고 하면 할수록, 참기만 하면 할수록 부정적인 감정들이 눌렸다가 한꺼번에 터지기도 하고, 다른 이상한 방향으로 흘러가기도 한다. 또한 공격성은 자신의 생각과 감정을 표현하는 자기주장과 연결되어 있다. 습관적으로 자신의 감정이나 공격성을 억제하는 사람들은 자기주장에도 어려움을 겪는다.

그러므로 누구에게나 마음속에 있는 공격성들을 잘 다루고 표현하는 것이 중요하다. 안전한 공간에서, 안전한 관계에서 말이다. 좋은 방법 중 한 가지는 '놀이'를 통해 표현하는 방법이다. 특히 상대방을 공격하는 게임은 '놀이'라는 안전한 테두리 안에서, 사회적으로 용인된 방법으로 자신의 공격성을 표현하는 좋은 기회를 제공한다. 정해진 게임 규칙 안에서 상대를 공격한다고 해서, 비난받거나 잘못했다고 혼나지 않기 때문이다.

자신의 공격성을 자연스럽게 다루기 어려운 아이들은 게임을 할 때조차도 다른 사람을 공격하는 것을 어려워한다. 일부러 상대방을 맞히지 않으려고 한다거나, 주사위에 수탉그림이 나왔다 하더라도 자신의 권리를 행사하지 않는다. 게임에서도 양보하거나 배려하는 행동을 지나치게 많이 하기도 한다.

이러한 게임을 통해서 아이들이 자연스럽게 자신 안에 있는 공격성을 표현하고, 그것이 수용되는 경험을 통해, 잘 정돈된 자기표현을 할 수 있게 될 것이다.

기억하자. 아동의 공격성은 없애야 할 것이 아니라, 아동의 삶을 더 풍요롭게 만드는 원동력이 될 수 있도록 방향을 잘 잡아 주어야 한다는 것을!

두더지 땅파기

(7세 이상, 2~4인용)

☑ **전문가의 선택**

"황금 삽을 차지하기 위한 땅파기 게임이 시작된다. 단 1명만이 황금 삽을 차지할 수 있다!" 두더지 땅파기 게임은 비교적 쉬운 규칙일 뿐 아니라, 마치 온라인 게임처럼 라운드마다 탈락자가 생기고, 실제로 땅을 파듯 라운드가 진행될 때마다 한 층씩 내려가는 구조를 가진 매우 흥미로운 게임이다.

숫자를 읽을 줄 아는 어린 아이들은 주사위 게임 정도로 이해하며 즐길 수 있고, 연령이 높은 아이들과 성인들은 나름의 머리를 써서 두더지 말을 놓을 때부터 미리 계산을 하고 놓는다거나, 이제까지 나온 숫자카드를 기억한다거나 하는 문제해결전략을 적용해 볼 수 있다. 연령에 따라서 각자의 능력대로 즐겁게 게임을 함께 할 수 있으니 가족 파티 게임으로 추천한다.

#가족 모두 파티 게임 #문제해결 #인지전략 #즐거움 #4라운드

이미지 출처: 11번가(https://www.11st.co.kr).

 놀이 방법

　각 플레이어는 자신의 10개의 말 모두를 1라운드 판의 녹색 점 위에 놓는다. 자신의 차례에 숫자카드를 뒤집어 나온 수만큼 두더지들을 이동시킨다. 두더지들은 오직 직진만 할 수 있다. 이때 구멍에 두더지를 많이 넣어야 한다. 두더지들이 모든 구멍에 들어가면 다음 라운드로 넘어가고, 구멍에 들어가지 못한 두더지는 탈락한다. 라운드가 진행될수록 구멍의 숫자가 줄어들고 마지막 4라운드에는 황금 삽을 차지하는 땅파기 구멍이 1개만 남는다. 1개의 구멍에 먼저 들어가는 사람이 승리하게 된다.

 응용 방법

　원래의 규칙은 두더지들이 직진만 할 수 있도록 되어 있으나, 어린 연령 아동의 경우 방향전환이 가능하도록 하면 좀 더 쉽게 게임을 즐길 수 있다. 또 마지막 라운드는 실선을 따라서만 움직일 수 있는 규칙이 있는데, 이때에도 이 규칙을 적용하지 않는다면, 좀 더 어린아이들도 즐겁게 게임을 진행할 수 있다.

캔디랜드

(6세 이상, 2~5명)

☑ **전문가의 선택**

본격적인 주사위 게임을 하기 이전 단계로 숫자를 잘 알지 못하는 아이들도 할 수 있는 쉬운 버전의 게임이다. 색깔에 대한 인지만 있다면, 가정에서 5~6세 유아와 함께 할 수 있는 가족 게임으로 추천한다.

#우리 아이 첫 번째 말 이동 게임 #즐거움 #색 인지

이미지 출처: 예스24(https://www.yes24.com).

 **놀이 방법**

자신의 차례가 되면 카드 더미에서 카드 1장을 뒤집어 카드에 나온 색깔 블록 수만큼 말을 이동시켜 마지막 성에 먼저 도착하는 사람이 승리하는 게임이다. 카드를 뒤집었을 때 색깔 블록이 아닌 그림이 나오면 게임판에서 같은 그림이 그려진 칸으로 이동해야 한다. 기본적인 주사위 게임과 규칙이 동일하다.

좌절인내력이 아직 발달 중에 있는 어린 아동과 이 게임을 처음 하는 것이라면, 그림카드를 빼고 색깔 블록 카드만 가지고 진행할 수도 있다. 그림카드에 걸려 후진을 많이 해야 한다면 아직은 그 상황을 감내하기 어려울 수 있기 때문이다. 그 대신 그림 칸에 걸리는 경우에는 한 번 쉬거나, 다시 1장을 뽑을 수 있게 하는 창의적인 규칙을 적용하는 것도 좋겠다.

전문가의 노하우

어린 아이와의 게임놀이 시 유의사항

앞서 Part 1에서도 기술한 것처럼, 본격적으로 규칙이 있는 보드게임을 하기에 적절한 연령은 6세 이상이다. 그러나 형제자매가 있는 아동인 경우나, 게임에 흥미를 갖는 아동인 경우 더 어린 나이에도 보드게임을 접하게 되며, 최근에는 어린 아이들을 위한 보드게임 시장이 꾸준히 넓어지고 있는 추세이다.

5세 이하의 아이들과 보드게임을 할 때는 다음과 같은 점들을 유의해야 할 필요가 있다. 이 시기의 아이들은 규칙을 명확하게 지키는 데 어려움이 있을 수 있다. 질 것 같은 마음이 들면 자신의 차례를 지키지 못하고 한 번 더 하겠다고 우기거나, 잘못했으니 다시 하겠다고 할 수도 있다. 발달단계상 이 시기는 정해진 규칙을 완전하게 지키는 것이 어려우며, 아직은 자기중심적이어서 타인의 입장에서 생각하고 배려하는 것이 어렵다. 따라서 규칙을 지킬 것을 강요하거나 지키지 못했을 경우 제한을 하게 되면 보드게임에 대한 흥미를 잃게 되기 쉽고 규칙을 지키는 것은 어렵고 재미없는 것으로 생각할 수 있다.

그러므로 어린 유아들과의 보드게임은 놀이처럼 이루어져야 한다. 게임의 재료들을 장난감처럼 이용해 볼 수도 있고, 원래의 규칙을 엄격하게 적용하기보다 아이가 원하는 대로 창의적인 방법으로 놀 수도 있다. 또한 게임을 할 때에도 부가적인 규칙들은 제외하고, 되도록 간단한 규칙만 적용해 볼 것을 권유한다. 물론, 아이가 이길 수 있도록 선의의 조작도 필요하다. 그래야 우리 아이가 즐겁게 게임놀이의 세계로 들어갈 수 있을 것이다.

퍼니버니

(6세 이상, 2~5명)

☑ **전문가의 선택**

퍼니버니도 본격적인 주사위 게임을 하기 이전 단계의 간단한 게임으로 언덕 위의 맛있는 당근에 도착하기 위해 토끼들이 깡충깡충 달리기를 하는 스토리가 있는 레이싱 게임이다. 1999년에 출시된 이래로 800만 개 이상 판매가 된 인기 있는 어린이 게임으로 알려져 있다. 카드에 그려진 표시만큼 직관적으로 수를 이해해서 말을 이동할 수 있다. 색깔에 대한 인지와 함께 1~3까지의 수 개념만 알고 있다면 5~6세 유아와 놀이처럼 즐겁게 할 수 있다.

#우리 아이 첫 번째 말 이동 게임 #즐거움 #색 인지 #1~3 기본 수 개념 #좌절인내력

이미지 출처: 코리아보드게임즈(https://www.koreaboardgames.com).

 **놀이 방법**

각 플레이어들은 자신의 토끼 말을 선택한 후 차례가 되면 카드 더미에서 카드 한

장을 뒤집는다. 토끼가 그려진 카드는 카드에 표시되어 있는 수만큼 토끼 말을 움직여 이동시키고, 당근이 그려져 있으면 당근을 잡고 한 바퀴 돌리면 된다. 토끼가 이동하는 경로에 다른 토끼가 있으면 다른 토끼가 있는 칸을 "깡총!" 하고 뛰어 넘어가면 된다. 당근을 잡고 한 바퀴 돌리면 언덕으로 가는 길에 구멍이 열리면서 토끼가 빠질 수도 있다. 언덕 꼭대기에 먼저 도착하는 플레이어가 승자가 된다.

응용 방법

토끼 말 색깔을 선택하면 네 마리의 토끼를 자신의 말로 갖게 되는데, 먼저 한 마리의 토끼만 출발시키고 구멍에 빠졌을 때 두 번째 토끼를 출발시킬 수도 있고, 경기 초반에 네 마리의 토끼를 모두 출발시킬 수도 있다. 어떤 토끼를 골라서 앞으로 갈지 잘 선택해야 하는 전략도 필요하다. 또한 잘 가고 있다가 구멍에 빠지게 되면 낙담하거나 불편한 감정에 몰입될 수 있다. 그럴 경우 어린 유아들은 남은 토끼 말이 있다는 것도 인식하지 못할 수 있다. 따라서 갖고 있는 남은 토끼 말을 사용하는 전략을 알려 줘야 한다. 어린 유아라면 이러한 전략을 스스로 사용하는 것이 어려우니 이때에는 엄마나 아빠 또는 성인과 한 팀이 되어 할 것을 추천한다. 어린 유아들에게는 이 게임을 규칙 있는 게임으로 사용하는 것보다 스토리를 만들어 역할 놀이처럼 활용하면 아주 즐겁고 재미있을 것이다. 토끼들을 찾는 숨바꼭질 놀이로도, 구멍에 빠진 토끼를 구해 주는 놀이로도, 땅속에 사는 토끼들에게 구멍을 열어 햇볕을 쐬어 주는 이야기로도 다양하게 놀이할 수 있다.

재미있지만 좌절을 견뎌야 하는 게임

퍼니버니 게임은 게임상자를 보면 어떻게 하는 게임인지 직관적으로 알 수 있는 간단한 게임이다. 그러나 그 안에서 일어나는 감정들은 간단하지만은 않다. 언덕 꼭대기를 향해 말을 차근차근 움직이다가도 당근카드로 인해 바로 앞에 구멍이 생기기도 한다. 순식간에 그 구멍에 토끼가 빠질지도 모른다는 긴장을 감수해야 한다. 나이가 어릴수록, 승패를 중요하게 생각할수록 토끼가 빠졌을 때 좌절감을 크게 느낄 수 있다. 그리고 그 좌절감을 얼마간 견뎌야 하는 게임이다. 따라서 이 게임을 하는 동안만큼은 자녀의 감정을 공감해 주도록 마음먹어 보는 것도 좋다. 비록 정해진 짧은 시간 내에 일어나는 좌절이지만 그것을 인내하는 경험은 아이를 성장시킬 것이다. 또한 이때 부모가 공감해 주었던 느낌은 좌절을 인내하는 것이 외롭고 힘든 일만은 아니라는 것을 아이의 마음속에 기억되게 할 것이다.

● ■ ▲ ♥

뱀 사다리 게임

(7세 이상, 2~5명)

☑ 전문가의 선택

주사위를 던져 말을 이동하는 주사위게임 중 기본 중의 기본 게임! 부모님들이 어릴 때부터 했던 익숙한 주사위 게임의 고전이다. 그러나 단순하다는 오해는 금물이다. 사다리와 뱀 칸에 걸리면 뜻밖에 횡재를 할 수도, 좌절을 맛볼 수도 있으니 말이다. 기본이지만 나름 스펙터클한 재미를 느낄 수 있다. 아이들에게는 쉽지만은 않은 기쁨과 좌절을 견뎌 내는 힘이 필요한 게임으로 아이의 기본적인 정서조절 능력을 관찰할 수 있다.

#말 이동 게임의 고전 #즐거움 #보드게임의 관문 #좌절인내력 #기본 수 개념

이미지 출처: 에스케이토이즈(http://www.humanhc.com).

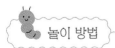 놀이 방법

자신의 차례가 되면 주사위를 던져 나온 수만큼 칸을 이동한다. 단, 이동하여 사다리 그림이 그려진 칸에 걸리면 사다리를 타고 높은 숫자로 이동하고, 뱀 그림이

그려진 칸에 걸리면 아래 숫자로 미끄러져 내려와야 한다. 100까지 먼저 도착하는 사람이 승리한다.

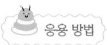 응용 방법

- 굳이 뱀 사다리 게임을 구입하지 않아도 아이들과 신나고 재미있게 놀이를 즐길 수 있다. 스케치북, 자, 색깔 펜, 주사위를 준비한다. 1~100까지 쓸 수 있는 칸을 그려 숫자를 쓴 후(아이 연령에 따라서 50까지 쓸 수도 있다), 빨간색 펜은 미끄러지는 사다리, 파란색 펜은 올라가는 사다리를 그리고 주사위를 굴려 뱀 사다리 게임과 같은 규칙으로 게임을 진행할 수 있다.
- 좀 더 어렵게 하려면 100칸에 딱 맞춰서 도착하지 않으면 처음부터 다시 시작하는 규칙으로 바꿔 볼 수 있다. 그러나 이 방법은 시간이 여유로울 때만 도전해 봐야 한다.

전문가의 노하우

보드게임 세계로 들어가는 관문

　뱀 사다리 게임은 쉽게 주변에서 구할 수도 있고, 규칙도 매우 쉬워서 보드게임을 시작하는 초기에, 그리고 비교적 어린 연령에 접하는 경우가 많다. 그렇지만 이 게임의 기본 작동 원리가 '좌절'이라는 점을 간과해서는 안 된다. 미끄러져 내려가야 하는 '뱀' 칸에 걸릴 경우 어떤 아이들은 실망하고 짜증을 내면서 게임을 포기하려고 할 수도 있다. 최소한의 '좌절을 견디는 힘'이 필요하다. 아이가 뱀 칸에 걸려 속상해할 때 부모는 같이 공감하고 위로해 주면서도, 아이가 이를 받아들일 수 있도록 도와주어야 한다. 이때 다소 유머럽고 재치 있는 부모의 태도가 중요하다. 부모가 '뱀' 칸에 걸렸을 때 보여 주는 태도는 아이에게 모델링의 대상이 될 것이다. 다소 속상하지만 참고 받아들이는 태도, 때로는 우스꽝스럽고 과장된 모습으로 이 작은 '좌절'을 부모와 아이가 함께 나누는 경험은 앞으로의 우리 아이의 삶에서 아이가 겪게 될 좌절의 순간을 너무 무겁지 않게 견뎌 내는 데 빛나는 자산이 될 것이다.

개구쟁이 스머프 사다리 게임

(8세 이상, 2~5명)

☑ 전문가의 선택

기본적인 뱀 사다리 게임에 변형된 규칙이 추가된 게임. 뱀 사다리 게임에 카드 규칙이 더 추가됨으로써 더 스펙터클하고 스릴이 넘친다. 난이도 up! 게임 몰입도도 up! up! 주사위를 굴려 100에 먼저 도착한 사람이 승리하지만, 그 과정에서 오르락내리락할 뿐만 아니라 가가멜 캐릭터와 카드의 등장으로 마지막까지 승부를 예측할 수 없다. 선두와 꼴찌의 승부가 바뀔 수도 있는 좌절 상황을 어떻게 극복할 수 있을지가 관건! 아이들이 좋아하는 캐릭터 사다리 게임도 나와 있으니 취향껏 선택할 수 있겠다.

#진화된 말 이동(주사위)게임 #즐거움 #끝날 때까지 끝난 게 아니다 #좌절인내력

이미지 출처: 코리아보드게임즈(https://www.koreaboardgames.com).

 놀이 방법

기본적인 게임 규칙은 뱀 사다리 게임과 동일하다. 그러나 가가멜, 파파스머프,

아즈라엘 칸이 등장하여 한 번 더 할 수도 있고, 쉴 수도 있고, 다른 사람과 위치가 바뀔 수도 있는 추가된 규칙이 존재한다. 여러 역경에도 불구하고 100에 먼저 도착한 사람이 승리하게 된다.

 응용 방법

역시 이 게임을 어려워하는 경우라면 우선 가가멜 말과 카드를 제외하고 게임을 진행할 수 있다. 한 번 더 하거나, 한 번 쉬어야 하는 파파스머프, 아즈라엘 칸에 대한 규칙만 적용한 뒤, 이에 익숙해지면 가가멜 말과 카드를 추가로 투입하여 진행한다.

트러블

(8세 이상, 2~4명)

☑ 전문가의 선택

트러블은 우리나라의 윷놀이와 매우 유사한 게임으로 4개의 말을 주사위에 나온 숫자만큼 이동하여 결승 지점에 먼저 들어오게 하는 사람이 승리하는 게임이다. 윷놀이처럼 상대방의 말을 잡기도 하고, 지름길로도 갈 수 있어 역동적인 게임과정을 즐길 수 있다.

특히 이 게임은 다소 성급하고 충동적인 아동에게 효과적인 게임으로, 반복적인 게임을 통해 충동성 조절과 주사위 보드게임의 기본 전략을 습득할 수 있는 대표적인 형태이다. 트러블은 여러 가지 다양한 캐릭터와의 조합으로 종류가 상당히 많으며, 게임에 따라 약간의 형태가 다를 수는 있으나 기본적인 규칙은 동일하다.

#전략이 필요한 말 이동게임 #즐거운 고전게임 #집중력 #충동억제능력, 계획능력 #말 운용능력 #윷놀이 유사

이미지 출처: https://www.ssg.com.

 놀이 방법

　기본적으로 트러블은 주사위가 굴려진 수만큼 자신의 말을 움직이는 말 이동 게임으로 모든 말이 말판을 한 바퀴 돌아 홈으로 먼저 돌아오면 이기는 게임이다. 기본 규칙은 우리나라 전통놀이인 윷놀이와 유사하여, 상대방의 말을 잡을 수도 있고(잡히면 다시 처음으로 돌아가야 함), 지름길에 걸리면 빨리 갈 수 있는 방법도 있다. 그러나 각각의 말은 주사위 6이 나와야 시작할 수 있으며(주사위가 6이 나오지 않는다면, 말을 계속해서 홈에 위치한 채로 있어야 함), 6이 나오면 시작 위치로 이동한 뒤 다시 한 번 주사위를 굴려 나온 수만큼 이동한다.

 응용 방법

● 어린 아동이나, 지는 것을 못 참고 인내심이 부족한 아동의 경우 초기에는 6이 나와야 시작하는 규칙을 적용하지 않고 진행할 수 있다. 또는 자신이 갈 자리에 상대방의 말이 놓여 있는 경우에는 다른 말을 움직인다거나 혹은 말을 이동하지 않고 다른 사람 차례로 넘어가는 등의 방법을 적용할 수 있다.

● 좀 더 어렵게 하려면, 결승 구역에 들어갈 때 주사위의 정확한 숫자가 나올 때까지 들어갈 수 없는 규칙을 적용할 수 있다.

전문가의 노하우

[아동 특성별 대처 방법]

주사위 말 옮기는 것 자체를 어려워하는 아동

어린 아동의 경우 주사위를 던져서 이동하는 게임을 처음 한다면 말을 이동하는 것 자체를 어려워할 수 있다. 어린 아동에게서 가장 흔하게 보이는 행동은 말을 이동할 때, 원래 말이 있던 자리에서부터 1을 세기 시작하는 것이다. 이럴 경우에는 아동과 함께 말을 잡고 한 칸 앞으로 이동하면서 1을 외치는 것을 함께 연습해야 한다. 주사위 게임을 처음 하는 아동이라면 트러블 게임보다는 뱀 주사위 게임이나, 캔디랜드 게임 등 더 간단하고 기본적인 게임을 통해서 주사위와 말을 움직이는 방법을 익히는 것이 더 좋을 것이다.

어떤 말을 움직일지에 대해 생각하지 않고 충동적으로 빠르게 움직이고, 그로 인해 자신의 행동을 계속해서 번복하는 아동

우선 주사위에 숫자가 나오면 충동적인 아이들은 어떤 말을 움직이는 것이 유리한지에 대해 생각하지 않고, 제일 앞서 있는 말을 움직이는 경우가 많다. 말이 말판 위에 여러 개가 있는 경우에는 각각의 말의 예상 위치를 생각해 보고, 결과적으로 가장 유리한 말을 움직여야 하는데도 불구하고, 생각을 하기도 전에 일단 말부터 움직이고 그 후에 번복해 달라고 요구하는 경우가 많아진다. "어, 나 다른 거 할래. 한 번만 봐줘."처럼 번복하게 되고, 게임에서 불필요한 '트러블'을 자꾸 만들게 된다.

이럴 경우, **Stop & Think** 기법을 적용해 보자!

일단 주사위를 던지고 숫자를 확인하고 나면, "stop!"을 외친다. 말을 먼저 이동하기 전에 눈으로 혹은 손가락으로 각각의 말의 예상 위치를 예측한다. 그리고 그 예측에 따라 움직일 말을 결정한다. 예를 들면, 6이 나온 경우 "어 6이 나왔네. 잠깐! 어떤 말을 움직일까. 맨 앞에 있는 말이 6을 움직이면 여기가 될 테고. 아! 6이면 새로운 말을 출발할 수도 있겠다. 음…… 그렇다면 나는 새로운 말을 움직이기로 결정했어!"라고 하고 말을 이동한다. 이러한 전략은 상황에 따라 달라진다. 뒤에서 상대방의 말이 바짝 뒤쫓아 오는 경우에는 새로운 말을 움직이는 것보다는 앞선 말이 도망가는 것이 나을 수도 있다. 아동이 멈추고 생각한 뒤 결정하고 움직였다면, 아동의 결정을 존중해 주어야 한다. 비록 이런 절차를 거쳤다고 할지라도, 아이들은 논리적으로 모든 상황을 다 적용해서 추론하기 어려워서 엉뚱한 결론을 내기도 한다. 그럴 때 아동의 결정을 비난하거나 설명하거나 훈계하기보다는, 게임을 통해서 아동이 자신의 결정의 잘잘못을 스스로 느낄 수 있도록 돕는 것이 더 중요하다. 아동의 자율성 증진을 위해 일단은 아동이 스스로 판단하고, 결정하고(잘못된 결정일지라도), 다시 수정하는 것을 연습할 수 있도록 기다려 주자.

프레즌트

(8세 이상, 2~6명)

☑ **전문가의 선택**

"주고받는 선물 속에 싹트는 행복과 배신감(?!)" 프레즌트는 속이기 게임의 가장 쉬운 버전으로 학령 전기 아동과 함께 가족들이 모두 즐길 수 있는 파티 게임이다. 과연 나에게 오는 카드가 선물일까, 폭탄일까!

속이기 게임은 '거짓말을 부추기는(?)' 게임으로 간혹 부모님들의 오해를 사기도 한다. 그렇지만 게임에는 규칙이 존재하고, 그 규칙을 지키는 틀 안에서 진행되므로 섣부른 걱정은 No No!

평상시 가끔 상대방을 속이려는 의도가 있거나, 다른 게임을 할 때 거짓말을 하려고 자주 시도하는 아이가 있다면, 대놓고 공식적으로 속임수를 쓰게 하는 것도 좋은 방법! 가족들끼리 둘러앉아 웃고 즐길 수 있는 파티 게임으로 추천한다. 아동의 연령에 따라, 다양한 속이기 게임 시리즈 중에 난이도를 선택하여 즐길 수 있다!

#전략적 속이기 #사회인지 #마음이론(타인의 마음을 읽는 능력) #조망수용능력 #통쾌함

이미지 출처: 생각투자(http://thinksmart.co.kr).

 놀이 방법

선물카드(+선물카드 27장, −선물카드 19장)와 요술봉카드(4장, 특수카드로 점수 합산 시 −카드 1장의 점수를 +로 바꿀 수 있음) 50장을 섞은 뒤, 플레이어별로 3장씩 나누어 갖고, 나머지는 가운데 더미로 둔다. 플레이어들은 자신의 앞에 놓인 카드 3장(뒤집어 놓은 상태)을 혼자만 몰래 확인한 후, 자신의 차례가 되면 이 카드 중 하나를 다른 사람에게 주며 "선물입니다!"를 외친다. 카드를 받은 플레이어는 선물을 받을지 아닐지를 결정한다(플러스 점수의 좋은 선물일 수도 있고, 마이너스 점수의 나쁜 선물일 수도 있기 때문에). 선물을 받기로 결정했다면 "감사합니다!"를 외치고 카드를 펼쳐 확인하고 자신의 앞에 펼쳐 놓는다. 선물을 받은 플레이어가 선물을 안 받는다고 결정하면 카드를 준 플레이어가 카드를 다시 가지고 와서 자신의 앞에 펼쳐 놓는다. 자신 앞에 펼쳐 놓은 카드에 쓰여 있는 숫자가 점수가 된다. 엔딩카드가 나올 때까지 플레이를 하고, 자신 앞에 펼쳐 놓은 카드 점수의 합이 가장 높은 사람이 승리한다.

 응용 방법

특수카드의 종류가 여러 가지일 경우 어린 연령의 아이들은 어려워할 수 있다. 게임을 처음 하거나 어린 연령의 아이들이 있는 경우, 요술봉카드, 엔딩카드를 빼고 선물카드로만 게임을 진행할 수 있으며, 숫자의 덧셈, 뺄셈을 어려워한다면 낮은 숫자카드로만 사용할 수도 있다.

전문가의 노하우

'놀이는 안전한 공간을 제공한다.'

놀이는 현실이 아니기 때문에, 현실에서 하지 못하는 금지된 일들을 다양하게 시도해 볼 수 있는 안전한 공간을 제공한다. 그래서 아이들은 놀이를 통해 다양한 역할을 바꿔서 시도해 보기도 하고, 공격성을 표현해 보기도 한다. '놀이'이기 때문에 가능하다.

게임놀이도 마찬가지이다. 다만, 게임놀이에는 지켜야 할 규칙이 있기 때문에, 이 규칙을 지킨다는 전제조건하에 여러 가지 다양한 역할, 문제해결을 시도해 볼 수 있다. 속이기 게임은 이러한 맥락에서 평상시 금지된 것을 할 수 있는 쾌감을 제공한다. 보드게임을 할 때, 가끔 속임수를 쓰는 아이들에게 마음껏 할 수 있도록 공식적인 장을 제공하는 것도 좋은 방법이다. 단, 게임일지라도 계속해서 거짓말만 한다면, 그 거짓말의 대가(게임에서 패하는 것)를 치러야 할 테니 적절한 조절은 필수이다. 게임을 하고 난 후에는 거짓말을 할 때 어땠는지, 어떤 때 거짓말을 했었는지 등에 대해서 자연스럽게 이야기를 나누는 것도 좋겠다.

'상대방을 속일 수 있다는 것'은 타인의 감정과 생각을 역지사지로 인식할 수 있는 사회인지능력이 발달해야만 가능한 일이다. 다른 사람의 마음을 잘 읽지 못하는 사람은 속이는 것도 어렵다. 나름대로 눈치도 잘 봐야 하고 상대의 마음을 읽을 수 있어야 잘할 수 있다. 또한 거짓말을 하면 얼굴이 티가 나는 사람도 있다. 얼굴이 빨개지거나, 뭔가 어색한 말투나 행동을 해서 바로 들통나는 사람들. 물론 게임의 목적이 남을 잘 속이는 것은 아니지만, 상대방의 입장에서 생각해 보고, 상대의 입장에서 자신을 볼 수 있도록 하는 사회인지적 능력도 향상될 수 있으리라 생각된다.

챠오챠오

(8세 이상, 2~5명)

☑ **전문가의 선택**

'챠오'는 이탈리아어로 헤어질 때 하는 인사말이다. 게임 이름처럼, 거짓말이 들통 나면 "안녕."이라 말하며 자신의 말을 다리 밑으로 떨어뜨려야 하는 속임수 게임의 일종이다. 주사위를 굴려 혼자만 확인하고 거짓말을 할지 아닐지 결정한다. 심장이 콩닥콩닥 뛰는 건 나만이 아니겠지!

이 게임은 앞서 제시한 프레즌트보다는 조금 더 정교한 속일 수 있는 능력이 필요하므로 초등학생 이상의 아이들에게 적합할 것으로 보인다. 속임을 당하는 사람도 자신의 말 상황에 맞추어 상대의 거짓말 유무를 맞추어야 하므로 전반적인 상황 판단능력도 필요하다.

#정교한 속이기 #상대를 속였을 때 쾌감 #속았을 때 원통함

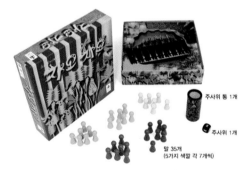

이미지 출처: 코리아보드게임즈(https://www.koreaboardgames.com).

 **놀이 방법**

플레이어는 각자 색깔을 결정하고 말을 나눠 가진다(한 색깔당 7개). 자신의 차례

가 되면 주사위 통을 흔들어 혼자서만 주사위 숫자를 확인한 후, 다른 사람들에게 무슨 숫자가 나왔는지 이야기하고 말한 숫자만큼 말을 전진한다. 주사위에는 1~4까지의 숫자와 X가 써 있는데, X가 나오면 무조건 거짓말을 해야 하고 숫자가 나오는 경우에는 거짓말을 할지, 말지를 자신이 선택할 수 있다. 다른 사람들은 그 플레이어가 거짓말을 했다고 의심되면, "거짓."이라고 말하고 주사위를 확인해 볼 수 있다. 이때 만일 진짜로 거짓말을 한 것이 맞다면 "안녕"(챠오챠오)을 외치며 그 플레이어의 말을 다리 밑으로 떨어뜨린다. 만일 진실을 말했는데 상대방이 의심한 것이라면, 이를 의심한 플레이어의 말을 떨어뜨린다.

 응용 방법

거짓말을 하는 것이 익숙하지 않은 아이들이 있다. 목소리 톤이 달라지고, 얼굴이 빨개지고, 그야말로 티가 많이 나는 경우가 그렇다. 이럴 때는 1~4까지의 숫자는 진실로만 말하고, ×가 나올 때만 거짓말을 하는 규칙을 적용할 수도 있다.

바퀴벌레 포커

(9세 이상, 2~6명)

☑ **전문가의 선택**

'흉측한 녀석들과 함께 하는 뻥치기 게임'이라고 소개되어 있는 바퀴벌레 포커는 서로 속고 속이는 가운데 참·거짓을 알아내야 하는 흥미진진한 게임이다.

프레즌트, 챠오챠오보다는 규칙이 살짝 더 복잡하지만 초등학생 이상이면 무리 없이 진행할 수 있으며, 많은 인원이 함께 하면 더 즐겁고 재미있는 시간을 보낼 수 있을 것이다.

#전략적 속이기 #전체 흐름을 파악하는 능력 #많은 인원이 함께 하면 더 재미있는 게임

이미지 출처: 코리아보드게임즈(https://www.koreaboardgames.com).

 **놀이 방법**

64장의 카드(여덟 종류×각 8개씩)를 같은 장수씩 나누어 가진다. 자신의 차례가 되면 자신의 카드 중 1장을 골라 보이지 않도록 뒤집은 채로 상대방에 앞에 놓는다.

이때 해당 카드가 무슨 카드인지 말해야 하는데 반드시 진실을 말할 필요는 없고 거짓말로 이야기할 수도 있다. 카드를 받은 상대방은 카드를 준 플레이어의 말이 참인지 거짓인지 결정해서 말한 뒤 카드를 뒤집는다. 3명 이상 게임을 하는 경우라면 카드를 혼자만 확인한 후 다른 플레이어에게 똑같이 참 혹은 거짓이라고 말하며 넘길 수도 있다. 상대방 플레이어가 참인지 거짓인지 맞혔다면 해당 카드를 넘겨준 플레이어가 카드를 가져가 자신 앞에 둔다. 반대로 참인지 거짓인지 맞히지 못했다면 자신 앞에 카드를 둔다. 한 플레이어가 자신 앞에 같은 종류의 카드 4장을 갖게 되거나, 자신의 차례에 카드가 없으면 패배한다.

 응용 방법

어린아이들의 경우 카드의 종류를 줄이거나, 각 곤충의 이름을 따로 적어 놓으면 편리하다. 간혹 어른들도 이름을 잊어버리는 경우가 있기 때문이다.

부모와 치료사를 위한 보드게임 놀이법

6. 주의집중력향상 보드게임

1) 시각주의력 게임 — 이것 좀 봐!, 도블, 쌍둥이 찾기, 몬스터 프렌즈, 포토매치, 피카독

2) 청각주의력 게임 — 사운드 메모리, 요리사 무무의 무스코드, 몬스터 시티

3) 기억력 게임 — 메모리 게임, 알록달록 붕어낚시, 찍찍이와 야옹이, 치킨차차, 스택버거

이것 좀 봐!

(5세 이상, 2~6명)

☑ **전문가의 선택**

'이것 좀 봐!'는 보드게임을 처음 접하는 아이들도 즐겁고 쉽게 할 수 있는 간단한 게임이다. 카드의 그림을 주의집중하여 잘 기억했다가 눈을 감고 있는 동안 술래가 바꾸어 놓은 카드를 찾아내는 것이다. 간단하지만 시각주의력과 기억력이 필요한 게임으로 연령이 어린아이들과도 즐겁게 함께 할 수 있다.

#시각적주의집중력 #기억력 #즐거움 #관찰력 #어린아이와 함께

이미지 출처: 코리아보드게임즈(https://www.koreaboardgames.com).

 놀이 방법

인원에 따라 카드를 똑같이 나누어 갖고, 한 가운데 바닥에는 카드 다섯 장을 펼쳐 놓는다. 술래를 정한 후, 다른 플레이어들은 눈을 감거나 손으로 가리고, 그동안 술

래는 카드 1장을 뒤집어 다른 면으로 해 놓는다. 눈을 뜬 후 달라진 카드를 찾는다. 가장 먼저 찾은 플레이어는 자기 카드 더미에서 1장을 꺼내어 가운데에 두고 새로운 술래가 된다. 자기 카드를 모두 가운데에 낸 플레이어가 승리하는 게임이다.

 응용 방법

　보드게임을 처음 접하는 어린 연령의 자녀일 경우에는 가운데에 펼쳐 놓는 카드를 3장이나 4장으로 하여 시작하는 것도 좋다. 게임의 방법과 규칙에 익숙해지면 원래의 방법처럼 5장으로 한다.

전문가의 노하우

시각주의집중력이란

　우리가 흔히 이야기하는 주의집중력에는 여러 하위 유형이 있다. 이 중 가장 쉽게 구분해 볼 수 있는 것이 바로 시각주의력과 청각주의력이다. 이 두 능력이 골고루 잘 발달되어 있다면 좋겠지만, 아이들에 따라서는 이 두 집중력에 차이가 있는 아이들도 있다.

　시각주의력은 말 그대로 시각을 통해 들어온 정보 중에서 필요한 것에만 주의를 집중하는 능력이다. 시각주의력이 우수한 아이들의 경우 관찰력이 좋고, 다른 사람의 변화된 모습이나 작은 장난감들을 잘 찾아내기도 한다. 학교에 가게 되면 수업 시간에 선생님이 칠판에 적은 내용을 필기하거나 책을 정확히 읽고 이해할 수 있다. 또한 학업에 있어서 글자나 수학 부호를 대충 읽어 실수하는 일도 적어 빠르고 정확하게 과제를 수행해 낼 수 있다. 즉, 시각주의력이 우수한 아동은 보다 많은 정보를 정확하게 수집하고 이해할 수 있는 것이다. 시각주의력을 향상시키기 위해서 같은 그림 찾기, 틀린 그림 찾기, 숨은 그림 찾기 등의 과제들을 사용하곤 하는데, 요즘에는 이런 종류의 보드게임이 많이 나오고 있으니, 즐겁게 게임하면서 시각적 주의집중력도 기를 수 있도록 시도해 보면 좋을 것이다.

도블

(6세 이상, 2~8명)

☑ **전문가의 선택**

시각주의력을 향상시키는 과제들 중 '같은 그림 찾기' 형태를 활용한 보드게임이다. 이러한 종류의 게임 중 비교적 난이도가 낮아서 어린 아이들이 있는 가정에서도 쉽게 해 볼 수 있다. 사물그림이 그려진 오리지널 버전과 동물 그림이 있는 동물원 버전이 있는 도블은 카드를 뒤집어 같은 그림을 빨리 찾는 게임으로 시각적인 집중력과 빠른 스피드가 필요하다.

신기한 점은 총 57가지 그림이 각 카드마다 8개씩 총 55장의 카드에 나뉘어 그려져 있는데, 어떤 카드건 2장을 펼쳤을 때 같은 그림이 딱 1개만 존재한다는 점이다. 특별한 수학적 원리를 이용하여 개발했다는 것을 듣고 보면 더 흥미로워진다.

매우 간단한 게임 규칙에서부터 다양하게 규칙을 응용할 수 있어, 어린아이들부터 좀 더 큰 아이들까지, 그리고 인원 제한 없이 즐겁고 빠르게 즐길 수 있는 게임이다. 시각적 초점 주의력과 순발력 향상에 도움을 줄 수 있는 게임으로 추천한다.

#시각주의집중력 #관찰력 #순발력 #나도 모르게 몰입 #여러 버전

이미지 출처: 코리아보드게임즈(https://www.koreaboardgames.com).

놀이 방법

도블의 게임 방법은 상당히 다양하다. 기본적으로는 카드를 펼쳤을 때 내 카드와 상대의 카드(혹은 중앙에 더미카드)에서 같은 그림을 빨리 찾는 사람이 이기는 것이다. 카드를 같은 수로 나눠 가진 뒤, 동시에 펼쳐서 같은 그림을 찾아도 되고, 중앙에 더미 카드를 놓고 동시에 자신의 카드를 펼쳐서 각자 자신의 카드와 중앙 카드에서 같은 그림을 찾을 수도 있다.

응용 방법

● 두 카드만 비교해요!

중앙더미와 각자 자신의 카드에서 같은 그림을 찾는 일반 규칙을 적용할 경우, 빠르게 진행되다 보니, 상대방이 제대로 찾았는지 확인하기 어려운 경우가 있다. 이럴 때는 가운데 더미를 두지 말고 플레이어들이 동일한 수로 카드를 나눠 가진 후, 동일한 두 카드를 가지고 비교하도록 하는 것이 더 쉽다.

● 손바닥에 올려놓아요!

여러 명이 게임을 할 경우, 각자 손바닥에 카드를 올려놓은 뒤 동시에 카드를 뒤집어 공개한다. 다른 사람 손에 있는 카드와 내 카드를 잘 보고 같은 동물을 찾으면 빨리 외치고, 외친 사람이 상대방 카드를 가져와 자신의 카드 위에 올려놓는다. 이런 방법으로 카드를 모두 가지게 되는 사람이 이기게 된다. 함께 하는 여러 명의 상대방 중 누구와 비교할지를 결정해야 하고, 상대의 카드가 바뀌게 될 수도 있으므로 좀 더 큰 아이들 여러 명이 파티 게임처럼 왁자지껄하게 즐길 수 있다.

시각주의력

[아동 특성별 대처 방법]

"아이가 같은 그림 찾기를 어려워해요."

　도블의 각 카드에는 모두 8개의 그림이 들어 있다. 카드 2장에 그려진 그림을 하나씩 빠르게 비교해서 찾는 것이 이 게임의 포인트인데, 이 게임을 잘하려면 시각적인 자료에 집중하는 능력과 함께 체계적으로 그림을 비교하면서 스캔하는 능력이 필요하다. 이 카드, 저 카드를 그냥 하염없이 보는 것만으로는 같은 그림 찾기가 생각보다 쉽지 않기 때문이다.

　이 게임을 어려워하는 아이들은 대부분 두 카드를 비교할 때 무작위로 어떤 규칙 없이 그림들을 보는 경우가 많다. 따라서 이러한 아이들에게는 손가락으로 그림을 하나씩 짚어 가면서 찾도록 예시를 보여 주는 것이 좋다. 예를 들어, 한 카드에 그려져 있는 연필을 가리키며, "어, 이쪽 카드에 연필이 있나?" 하며 다른 카드를 일정한 방향으로 스캔할 수 있도록 손가락으로 방향을 제시한다. "어, 여기 있네, 그럼 나무가 있나?" 하며, 한 가지씩 다른 카드와 차근차근 비교할 수 있도록 방법을 알려 준다. 하나씩 비교하는 방법이 익숙해지면 이후에는 같은 색깔의 그림을 묶어서 비교하면서 좀 더 빠르게 찾을 수 있도록 도와주는 것이 좋다. 그렇지만 늘 조심해야 할 점은 가르치려고 하기보다는 성인이 자신의 전략을 소리 내어 말하면서 아이에게 전략을 노출시키는 것이 좋다는 것이다.

쌍둥이 찾기

(7세 이상, 2~8명)

☑ **전문가의 선택**

쌍둥이 찾기는 도블과 유사한 '같은 그림 찾기' 형식의 게임이지만 도블보다 난이도가 조금 더 높다. 도블의 그림들은 크기가 달라질 수 있지만 색깔에는 변형을 주지 않는 반면, 쌍둥이 찾기의 그림들은 같은 그림을 제외하고는 색깔의 조합도 모두 달라져 있기 때문에 좀 더 세밀한 시각주 의력이 필요하다.

만일 아이가 도블은 잘하는데, 쌍둥이 찾기 게임을 어려워한다면, 사물을 좀 더 세심하게 관찰할 수 있는 시각주의력과 관찰력을 키워 주는 것이 좋겠다.

#시각주의집중력 #세밀한 관찰력 #순발력 #몰입

이미지 출처: 예스24(https://www.yes24.com).

 **놀이 방법**

놀이 방법은 도블의 기본 규칙과 동일하다. 15장의 그림카드 중 2장을 펼친 뒤 색 깔과 모양이 같은 그림을 찾아 이름을 먼저 외치는 사람이 카드를 획득하게 된다. 카드를 많이 획득한 사람이 승리한다.

몬스터 프렌즈

(7세 이상, 2~4명)

☑ **전문가의 선택**

> 몬스터 프렌즈는 시지각주의력 및 작업기억력 향상이라는 치료적 목적을 위해 제작된 보드게임
> 이다. 그림카드를 인지하고 복잡한 시각자극을 구분하는 훈련을 통해 시지각주의력과 작업기억
> 력을 향상시켜 주는 카드 게임으로 아이들과 즐겁게 게임을 하면서 주의력도 향상시킬 수 있다.
> 다양한 형태로도 규칙을 변형하면서 게임을 할 수 있어 가정에서도, 치료실에서도 다양하게 활
> 용 가능한 것이 장점이다.

#시각주의집중력 #작업기억력 #다양한 규칙

이미지 출처: 와이즈박스몰(https://www.wisebox.kr).

 **놀이 방법**

기본 규칙은 몬스터카드 30장을 그림이 보이게 바닥에 모두 펼쳐 놓고, 그림자카
드(난이도별 두 종류)를 뒤집어 가운데 더미를 만들어 놓는다. 자신의 차례가 되면 그

림자카드 1장을 뒤집고, 이 그림자에 매칭이 되는 몬스터카드를 빨리 찾는 사람이 카드를 가져온다. 카드를 많이 모으는 사람이 승리한다.

 응용 방법

- 기본 규칙 이외에도 몬스터카드와 그림자카드를 모두 앞면이 보이게 펼쳐 놓고, 빨리 두 카드를 매칭해서 많이 찾아내는 사람이 승리하는 게임으로도 할 수 있다. 또한 설명서에 제시되어 있는 것처럼 퀴즈카드 10장을 가지고, 질문을 듣고 해당하는 몬스터를 찾는 게임으로도 활용할 수 있다.

- 이 게임의 장점은 게임을 활용하는 다양한 규칙이 있다는 점인데, 사용설명서에 제시되어 있는 방법 이외에도 다양하게 응용이 가능하다. 몬스터카드와 그림자카드를 매칭하여 메모리 게임으로도 사용할 수 있는데, 이 경우 일반적인 메모리 게임보다 난이도가 훨씬 더 높아지게 된다. 또한 기본 규칙으로 진행할 경우에도 몬스터카드를 모든 플레이어에게 제시한 후 카드를 뒤집어 기억하게 한 후 그림자카드를 찾으면 작업기억력향상 게임으로 변하게 되면서 난이도가 높아지므로, 다양하게 활용해 보자.

포토매치

(7세 이상, 2~4명)

☑ **전문가의 선택**

포토매치 역시 시지각 주의력이나 정보처리능력을 향상시키려는 치료적 목적으로 개발된 게임이다. 게임의 기본틀은 도블과 매우 유사하나, 센스 있게도 그림의 절반, 혹은 부분만 보이는 카드를 사용함으로써 부분 이미지를 보고 전체 이미지를 표상하는 연습을 함께 할 수 있는 매우 유용한 게임이다. 언뜻 보면 "이게 무슨 그림이지~?" 하며 고민하게 되고, 이러한 추론과정을 통해서 단순한 시지각이 아닌 전체 이미지를 표상할 수 있는 차원의 기능도 향상시킬 수 있으니 여러모로 강력하게 추천한다.

#시각주의집중력 #이미지화 표상능력 #정보처리능력

이미지 출처: 와이즈박스몰(https://www.wisebox.kr).

 **놀이 방법**

이 게임은 전체그림카드 57장, 반쪽그림카드 57장, 부분그림카드 57장으로 구성

시각주의력

되어 있다. 참여 아동의 연령이나 능력, 흥미에 따라 어떤 카드를 사용할지 결정할 수 있다. 반쪽그림카드를 선택하는 경우, 골고루 카드를 섞은 후 플레이어들에게 1장씩 카드를 나누어 준다. 나머지 카드는 뒷면이 보이도록 가운데 더미를 만들어 둔 후, 자신의 차례가 된 플레이어가 더미 맨 위의 카드를 하나, 둘, 셋하고 펼치면 각자 자신이 가진 카드를 동시에 펼쳐, 같은 그림을 먼저 찾는 사람이 카드를 가져온다. 동일한 규칙으로 진행하되, 부분그림카드로, 혹은 전체그림카드와 반쪽그림카드, 반쪽그림카드와 부분그림카드를 함께 사용하여 게임을 즐길 수도 있다.

 응용 방법

도블에서처럼 다양한 방법으로 난이도 조절이 가능하다. 자신이 가진 1장의 카드와 더미를 비교하면 난이도가 쉬워지며, 플레이어가 가지고 있는 카드도 계속 변경하면 자극이 계속 바뀌기 때문에 더 어려운 난이도로 진행할 수 있다.

●　■　▲　♥

피카독(피카픽, 피카폴라베어)

(8세 이상, 2~8명)

☑ **전문가의 선택**

> 피카독(피카픽, 피카폴라베어)은 귀여운 강아지(혹은 돼지, 곰) 그림이 그려진 카드에 이끌려 미
> 소를 짓다 보면 어느새 흠뻑 빠지게 되는 매력적인 게임이다. 도블, 쌍둥이 찾기 게임의 기본규칙
> 이 '같은 그림 찾기'였다면, 피카독은 내가 가진 카드와 하나만 다른 특징의 카드를 찾는 '다른 그
> 림 찾기' 규칙의 게임이다.
> 시각주의력뿐 아니라, 공통점과 차이점에 대한 인지가 필요하므로 난이도가 조금 더 높은 편이
> 다. 쉽게 틀릴 수 있으므로 잔소리나 지적은 금물! 하나씩 확인하며 서로의 실수에 대해 유쾌하게
> 웃고 넘길 수 있다면 그야말로 실수를 쿨하게 받아들이고 다시 도전하는 인내력을 향상할 수 있
> 는 금상첨화 게임이 되겠다.

#고난도 시각주의집중력 #공통점과 차이점 #주의지속능력 #작업기억 #규칙전환능력

이미지 출처: 예스24(https://www.yes24.com).

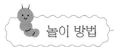 놀이 방법

　강아지 그림이 그려진 96장(서로 조금씩 다르게 그려짐) 중 무작위로 선택한 30장의 카드를 중앙에 배열한 뒤, 플레이어들도 1장씩 나눠 가진다. 시작과 동시에 각자 자신이 가지고 있는 카드와 같은 카드이거나, 단 한 가지 특성만 다른 카드를 1장씩 가져오는 것이다. 카드에 그려진 강아지 그림은 크기, 색깔, 손의 모양, 선글라스 착용 유무, 팝콘 유무 등 여러 차원에서 특징이 조금씩 다른데, 가져온 카드와 같거나 한 가지 특성만 다른 카드 모으기를 반복하다가, 더 이상 조건에 맞는 카드가 없으면 "피카독!"이라고 먼저 외치는 사람이 승리이다. 외친 플레이어의 카드를 확인하며 맞게 가져왔는지 확인하고, 맞을 경우 카드를 모두 가지게 되고 그 라운드를 승리하게 된다. 만약 조건에 맞지 않는 카드를 가져온 경우 모든 카드를 잃게 된다. 동일하게 2~3라운드를 반복하여 카드를 많이 모은 사람이 승리한다.

 응용 방법

- 이 게임을 어려워하는 경우 모든 조건이 같은 카드도 가져올 수 있다는 규칙을 적용하지 않을 수 있다. 또한 모두가 경쟁적으로 하는 경우 조바심이 나서 어려워할 수 있으므로 혼자서 차분히 할 수 있도록 연습할 수 있다.
- 같은 그림을 2장씩 찾아 여러 세트를 만든 뒤 메모리 게임으로 활용할 수 있다.

시각주의력

사운드 메모리

(7세 이상, 2~6명)

☑ **전문가의 선택**

사운드 메모리는 일반적인 메모리 게임과 동일하지만, 카드를 뒤집어 '보는' 것이 아니라 상대방의 소리를 '듣고' 같은 그림을 찾아야 하는 게임이다. 소리를 듣고 같은 카드를 찾는 것은 생각보다 어려운 일이다. 게임을 하다 보면 우리가 평상시 얼마나 시각적 자극에 의존하고 있는지 느낄 수 있게 된다.

시각집중력보다 소리에 집중하는 청각집중력에 어려움을 가진 아이들이 많이 있다. 청각주의력이 부족한 친구들은 다른 사람의 이야기에 집중해서 관심을 기울이고, 끝까지 듣고 이해하는 데 어려움을 겪게 된다. 게임을 통해 즐겁게 다른 사람의 말에 귀 기울여 집중하는 능력까지 기를 수 있다면 선택하지 않을 이유가 없다.

#청각적 주의집중능력 #기억력 #생각보다 재미는?! #이중부호화 #복잡한 부호화 단계

이미지 출처: 에듀카코리아(http://kcb.educa.co.kr).

 놀이 방법

　기본적인 규칙은 메모리 게임과 동일하다. 2개씩 쌍을 이루는 10쌍의 카드(20개)를 가운데 뒤집어 펼쳐 놓는다. 다만, 자신의 차례가 되었을 때 자신은 카드를 보지 않은 채로 상대방만 볼 수 있도록 카드를 보여 준다. 상대방은 그림카드를 보고 그려진 동물 혹은 사물의 소리를 낸다. 각 카드의 소리는 설명서에 지정되어 있으므로 정해진 소리를 내야 한다. 소리를 듣고 같은 그림의 카드 위치를 기억해서 같은 그림을 찾는 기억력 게임이다.

 응용 방법

- 각 카드의 소리는 설명서에 지정되어 있으나(예: 개구리카드-개굴개굴, 강아지 카드-멍멍 등), 지정되어 있지 않은 소리로 표현한다면 유추능력까지 더해져야 하므로 훨씬 더 난이도가 높아진다.
- 시각메모리 카드로 활용해도 좋다.

청각주의력

청각주의력이란

시각주의력에서도 언급했던 것처럼, 주의집중능력은 매우 다양한 하위 요인을 가진다. 크게 시각, 청각 주의력으로 나눠 볼 수 있는데, 특히 청각주의력이 시각주의력에 비해 더 어려운 아이들이 더 많은 편이다. 평상시 엄마나 선생님의 말을 한 귀로 듣고 한 귀로 흘리는 아이들이라면 한 번쯤 청각주의력에 대해 고민해 보아야 할 듯하다.

청각주의력이란, 청각을 통해 들어온 정보 중에서 필요한 소리에만 주의를 집중하는 능력이다. 즉, 언어적으로 주어지는 지시를 잘 듣고, 처리해서, 그 지시를 실행할 수 있는 능력을 이야기한다. 청각주의력이 우수한 아이들은 부모님이나 선생님의 이야기를 잘 집중해서 듣고 이해할 수 있기 때문에 학습 상황에서 유능할 수 있다.

반대로 청각주의력이 부족한 아이들은 들어야 할 소리 이외의 다른 소리에 금방 주의가 흐트러지고, 정작 들어야 할 자극은 제대로 처리하지 못해서 혼이 나는 경우가 많다. 이러다보니 학습 효율성도 떨어지고 여러 번 지시해야 알아듣게 되는 경우가 많아진다.

청각주의력을 향상시키기 위해서는 우선, 말하는 사람에게 관심을 기울이고, 끝까지 말을 듣고 난 뒤, 잘 들었는지 확인하는 과정이 평상시에 많이 필요하다. 아이들에게 심부름을 시키거나 지시를 할 때는, 아이가 내 말을 잘 들을 수 있도록 주위를 환기시켜야 하고, 눈을 맞추고, 다른 자극들을 제거하고, 손을 잡거나 어깨에 손을 올리는 등 다른 감각을 모두 활용하면 더 효율적이다. 천천히 말한 뒤, 말한 내용을 아이가 들었는지 확인해야 한다. 이때 "엄마가 방금 뭐라고 그랬어? 들었어?" 하고 협박조나 명령조로 이야기하는 것은 금물이다. 부드러운 어조로 확인한 뒤, 아이가 지시를 수행하는지 꼭 끝까지 살펴보아야 한다.

요리사 무무의 무스코드

(8세 이상, 3~6명)

☑ 전문가의 선택

무스코드는 숟가락으로 두드리는 신호를 잘 듣고 그 신호에 해당하는 카드를 찾는 신선한 방식의 게임이다. 마치 전쟁과 같은 비상시에 서로 신호를 주고받았던 모스부호가 연상되기도 한다. 상대방이 주는 신호와 그 신호가 의미하는 재료를 연합해야 하므로, 재미와 함께 집중력, 인지적인 능력도 함께 필요한 게임이라고 할 수 있다.

무스코드로 보내진 신호를 주의 깊게 듣기 위한 청각적 주의집중력, 3가지 신호를 빠르게 머릿속에서 3가지 재료와 연합해야 하는 작업 기억력이 요구되므로, 즐겁게 주의집중력을 키우고자 할 때 추천한다.

#청각주의집중력 #작업기억력 #순발력

이미지 출처: 생각투자(http://thinksmart.co.kr).

놀이 방법

신호가 의미하는 음식 재료들이 그려진 재료카드는 가운데 펼쳐 놓고, 레시피 카드(25장)는 가운데 더미를 만들어 놓는다. 플레이어들은 각자 코드카드(음식 재료와 부호가 연결된)를 1장씩 옆에 놓고 시작한다. 자기 차례가 되면 신호를 보내는 사람이 되어, 레시피 카드 1장을 가져간 뒤 숟가락으로 두드려서 신호를 보낸다. 나머지 사람들은 신호를 듣고, 그 신호에 해당하는 재료카드를 찾는다. 먼저 찾는 사람이 카드를 가져온다(참고: 생쥐카드는 특수카드로 신호를 보내는 사람이 "도와줘!"라고 외치면 생쥐카드를 쳐야 함).

응용 방법

처음에는 재료와 모스부호 숫자가 그려진 코드카드를 보면서 게임을 진행하지만, 게임에 익숙해지면 코드카드 없이 외워서 진행할 수도 있다. 어린아이와 큰아이 혹은 성인이 함께 게임을 하는 경우라면 성인에게만 이 규칙을 적용하면 더 공정하게 게임을 진행할 수도 있다.

전문가의 노하우

요리사 무무의 무스코드의 경우 처음에는 코드카드를 가지고 시작한 뒤, 점차 이를 기억하도록 유도하여 점차 코드카드를 제외하고 게임을 진행하는 것이 더 도움이 된다. 신호를 듣고 나서 코드표를 보지 않고 머릿속으로 조합하는 것은 작업기억력 향상에 많은 도움을 주기 때문이다.

단, 이 게임의 경우 원래 미국에서 제작된 것을 한국판으로 바꾸는 과정에서 원래 제작 의도가 제대로 반영되지 못한 부분이 있다. 원래는 코드에 나오는 신호의 숫자와 그림의 음절 수를 동일하게 만들었기 때문에 영어권 나라의 아이들은 이 코드를 외우는 데 훨씬 수월하지만, 우리나라 아이들의 경우에는 이를 적용하기가 쉽지 않다. 예를 들어, egg는 1음절로 1번, apple은 2음절이라 2번, white sugar는 3음절로 3번, chocolate bar는 4음절로 4번으로 정해져 있다. 이를 최대한 반영하여, 사과는 2번, 흰 설탕은 3번, 초콜릿 바는 4번처럼 미흡하지만 글자 수와 숫자를 연결하는 전략을 사용해 볼 수 있다. 오히려 나이가 많은 아이들, 인지능력이 높은 아이들의 경우에는 이러한 연결전략 없이 외우도록 하는 것이 더 난이도를 높일 수 있는 방법이 되기도 한다.

청각주의력

● ■ ▲ ♥

몬스터 시티(The Hearmess)

(8세 이상, 2~4명)

☑ **전문가의 선택**

몬스터 시티는 보드게임에서 찾아보기 힘든 독특한 콘셉트의 아이디어가 돋보이는 게임이다. 그림 그리는 소리를 듣고 어떤 그림인지 알아맞히기 게임으로 그리는 소리를 잘 듣고 카드의 그림과 잘 매치해야 하기 때문에 생각보다 쉽지는 않다.

청각적인 주의집중력과 함께 소리를 듣고 시각적으로 이미지화하는 능력이 기반이 되므로 아이들의 표상능력발달에 도움을 줄 수 있다.

#청각주의집중력 #청각의 시각적 이미지화 #표상능력 발달

이미지 출처: 하바24(https://haba24.co.kr).

 놀이 방법

그림 그리는 사람은 초급용(25장), 고급용(25장)으로 나누어진 임무 카드 중 하나를 골라 나무펜으로 그림판에 그림을 그린다. 벨크로 테이프 중 까끌이와 유사한 재

질로 되어 있는 그림판은 그림을 그릴 때마다 사각사각, 쓱쓱 등 독특한 소리가 난다. 다른 플레이어들은 그리는 소리를 잘 듣고 임무예상카드에서 어떤 그림인지를 고른다. 맞춘 사람은 집타일을 하나 가져올 수 있는데, 서로 다른 4개의 집타일을 먼저 모으는 사람이 이긴다.

응용 방법

　게임은 초급용과 고급용으로 나뉘어 있기 때문에 나이가 어린 경우 초급용으로 실시할 수 있다. 또한 게임에서 제공된 그림 이외에도 원, 점, 선으로 된 쉬운 도형 그림들을 미리 그려 놓고 활용하면 더 어린 아이들에게도 적용이 가능하다.

청각주의력

메모리 게임

(6세 이상, 2~6명)

☑ **전문가의 선택**

메모리 게임은 누구나 한 번쯤은 다 해 봤을 법한 고전적인 게임 중 하나이다. 여러 장의 카드를 그림이 보이지 않게 뒤집어 놓고, 그중 같은 그림을 찾아내는 게임이다.

메모리 게임은 카드의 위치를 잘 기억해 빠르게 찾아내야 하는 것이 목표이다. 게임의 그림은 동물에서부터 아이들에게 인기 있는 캐릭터 등 다양한 상품으로 출시되어 있으므로 우리 아이가 관심 있어 하는 그림으로 선택해서 시작할 수 있다. 또한 그림자극의 복잡성과 카드의 개수로 난이도를 가늠할 수 있어 아이가 커 가는 발달수준에 따라 업그레이드하며 구입할 수 있다. 우선 차분한 상태에서 착석하여 주의를 두고 관찰해야 하며, 위치와 그림자극을 잘 기억하여 인출해야 하는 능력이 요구되므로 이러한 힘을 연습하고 기를 수 있는 좋은 게임이다.

#기억력 #즐거움 #집중력 #관찰력 #예쁜 캐릭터 메모리카드

이미지 출처: 코리아보드게임즈(https://www.koreaboardgames.com).

놀이 방법

카드를 그림이 보이지 않게 뒤집어 놓는다. 배열할 때는 위치를 잘 기억할 수 있도록 n×n의 행렬로 배치하면 좋다. 자신의 차례가 되었을 때 카드 2장을 뒤집을 수 있는데 그때 뒤집은 두 카드가 똑같으면 카드를 가져온다. 같은 그림을 찾은 경우 틀릴 때까지 기회가 계속된다. 카드를 가장 많이 모은 사람이 승자가 된다.

응용 방법

기억력 게임

- 카드를 하나씩 일렬로 배열하면서 이야기를 만드는 스토리 구성 게임으로도 활용할 수 있다. 기발하고 재미있는 창의적인 생각들도 표현될 수 있고, 아이가 경험하는 작은 세계가 드러날 수도 있어 새롭고 흥미로운 시간이 될 수 있다.
- 연령이나 능력에 따라 매칭되는 쌍의 수를 조절할 수 있다. 주로 학령 전기 아동들은 10쌍(총 20장 내외) 정도로 하는 것이 좋으며 연령에 따라 개수를 추가할 수 있다.

전문가의 노하우

[아동 특성별 대처 방법]

"아이가 카드를 기억하기보다는 충동적으로 이것저것 뒤집기만 하는 것 같아요."

카드의 그림과 위치를 짝 지어 기억하는 것은 정신적 에너지를 들여야 하는 일이기 때문에 쉬운 활동이 아니다. 이 활동을 통해 더 많이 기억하고 인출해 내는 '결과'보다는 차분한 상태를 만들어 주의를 기울이고 잘 관찰하는 것을 연습하는 '과정'이 더 의미가 있다. 초반의 몇 판 정도는 무작위로 카드를 뒤집어 가며 두뇌에 자극을 입력하는 것이 필요하지만, 그 다음부터는 "어? 턱을 괴고 옆으로 누워 있는 고양이가 어디 있었지? 사자 옆에 있었던가?" 하는 식으로 부모가 기억을 인출해 내는 과정을 자녀가 알 수 있게 돕는 것이 필요하다('사자 옆에 돼지' '시계 위에 연필' 등의 표현으로 '그림-위치'의 짝으로 기억하도록). 그럼에도 불구하고 빨리 결과를 보고 싶어 하는 아이의 마음이 앞서면 그 모습이 충동적으로 보일 수 있다. 이렇게 아이가 마음만 앞서 아무 카드나 뒤집어 보려 할 때는 잠시 멈추게 하고 유머러스하게 "오오, 이게 정말 맞을까요?" "후회하지 않겠나요?"라고 하면서 아이에게 잠시 생각할 시간을 제공해 주는 것이 좋다.

또한 성인이 카드를 기억하기 위해 머릿속에 입력하는 과정을 소리 내어 알려 주는 것도 도움이 된다. 자신의 차례가 되어서 카드를 뒤집기 전에, 앞서 본 카드의 위치와 그림을 기억하는 것을 말로 하는 것이다. 예를 들어, "어, 저기는 강아지, 그 옆에 고양이, 토끼가 있었지!"라고 하면서 포인팅하며 위치와 그림을 기억하는 전략을 자주 노출시키면 아이에게 힌트도 될 수 있을 뿐 아니라 외우는 전략을 모델링하는 데 도움이 된다.

알록달록 붕어낚시

(6세 이상, 2~4명)

☑ **전문가의 선택**

알록달록 붕어낚시는 보드게임으로서뿐 아니라, 도구 자체를 놀잇감으로도 사용할 수 있을 정도로 귀엽고 매력적이라 소장욕구가 불타는 게임이다. 더군다나 플레이어가 가진 능력에 따라 다양한 난이도로 게임을 즐길 수 있다는 장점이 있다. 그러나 게임 표지에 적힌 만 3세 이상은 아무리 생각해도 무리인 것이 단점이라면 단점이다!

5개의 붕어 색깔만 기억하면 될 것 같지만, 실상 게임을 해 보면 일반적인 메모리 게임과는 다른 차원을 발견하게 된다. 붕어의 위치가 계속 변한다는 점은 이 게임의 매력이자, 난이도 조절의 포인트! 단순하게 고정되어 있는 위치에 대한 기억력이 아니라, 위치가 바뀔 때마다 기억의 입력을 다시 조정해야 하기 때문에, 인지적 조작의 순발력, 융통성, 기억력이 동시에 요구된다. 오히려 초등학교 고학년 이상의 큰 아이들에게 이 게임은 결코 단순하지 않다. 다양한 연령대가 자신의 능력에 따라 게임에 참여하며 인지적인 전략을 연습할 수 있는 게임으로 매우 훌륭하다.

#기억력 #인지적 순발력 #결코 쉽지 않아 #메모리 게임의 최저난이도와 최고난이도의 결합
#귀여운 붕어

이미지 출처: 코리아보드게임즈(https://www.koreaboardgames.com).

놀이 방법

다섯 마리의 붕어는 색이 보이지 않도록 가운데 모아 놓고, 붕어가 그려진 연잎 카드는 뒤집어서 흩어 놓는다. 자신의 차례가 되면 연잎카드 1장을 뒤집어서, 카드에 그려진 붕어 색과 같은 붕어를 찾아서 낚싯대로 낚아야 한다. 카드 색과 같은 색의 붕어를 낚으면 자신의 앞으로 가져온다. 카드 색과 동일한 붕어가 이미 다른 사람 앞에 있더라도 가져올 수 있다. 연잎카드가 없어졌을 때 붕어를 가장 많이 가져온 사람이 승리한다.

응용 방법

규칙을 다르게 바꾸지 않더라도 게임 자체가 응용버전이 된다. 인지능력이 다 다른 연령의 아이들이 함께 참여하더라도 각자 다른 전략을 쓰게 된다. 예를 들어, 4~5세 어린 아이들의 경우는 그저 낚시로 붕어를 낚는 데 집중하고 즐거워할 것이고, 6세 정도가 되면 몇 가지 색의 붕어의 색을 외울 수 있으나, 자리가 이동되면 헷갈리기 쉽다. 초등학생 저학년 정도가 되면, 초반에는 붕어 색을 외울 수 있으나 붕어들의 자리가 몇 번 이동되고 나면 랜덤 게임으로 바뀐다. 초등학교 고학년 이상 혹은 성인에게는 자리가 바뀔 때마다 위치에 따라 다시 기억을 재조정해야 하는 상당히 어려운 성인용 고난이도 기억력 게임이 된다. 게임을 하는 자체만으로 자신의 수준에 맞게 난이도 조절이 가능하므로 매우 매력적인 게임이라고 할 수 있다.

찍찍이와 야옹이

(6세 이상, 2~4명)

기억력 게임

☑ 전문가의 선택

찍찍이와 야옹이는 게임이 진행됨에 따라 기억해야 할 목표물의 공간과 위치 정보가 계속 변하기 때문에 변수가 많이 생긴다. 따라서 선택적으로 초점을 두어 주의를 기울이고 기억해야 하는 능력과 시각추적능력이 요구되며, 새롭게 생겨나는 변수에 당황하는 마음을 진정시킬 수 있어야 한다. 보드게임 자체가 놀잇감 같아 아이들의 흥미를 유발할 수도 있어 매력적인 게임이다.

알록달록 붕어낚시 게임과 유사하게 사용 연령에 따라 난이도가 자동으로 조정되는 게임이다. 4~5세 아동에게는 랜덤으로 구멍을 통과시키는 재미있는 놀이로, 6세 이상의 아이들에게는 단순한 기억력 게임으로, 초등학생 이상의 아이들에게는 계속해서 변화하는 위치기억까지 더해져 난이도가 급상승할 수 있다.

#기억력 #자동 난이도 조절 #스릴과 즐거움 #작업기억력 #시각추적능력

이미지 출처: 코리아보드게임즈(https://www.koreaboardgames.com).

 **놀이 방법**

커다란 치즈 덩어리 위에 있던 찍찍이들에게 갑자기 야옹이가 나타나서 찍찍이를 양동이 속으로 숨겨야 한다. 야옹이는 치즈 덩어리의 중앙에 놓고, 찍찍이들은 동그라미가 그려진 곳에 하나씩 무작위로 놓은 후 모든 플레이어가 위치를 기억할 시간을 준다. 그런 다음 그 위를 양동이로 덮어 주면 게임 준비 끝! 치즈 덩어리의 가장자리에는 탈출구인 4개의 구멍이 있는데, 찍찍이들의 색깔과 동일한 4개의 색으로 이루어져 있다. 자기 차례가 되면 양동이 1개를 4개의 구멍 중 하나의 구멍으로 끌고 가 양동이 속에 있는 생쥐를 구멍으로 밀어 통과시킨다. 이때, 찍찍이의 색깔과 같은 구멍이라야 탈출할 수 있다. 탈출에 성공한 찍찍이의 양동이는 자신의 앞으로 가져오고, 탈출에 실패한 찍찍이는 다시 치즈 덩어리 위의 비어 있는 동그라미 칸에 놓고 양동이를 다시 덮은 뒤 그 위에 야옹이를 올려놓는다. 야옹이가 있는 양동이는 움직일 수 없다. 양동이를 많이 모은 사람이 승리한다.

 **응용 방법**

양동이를 구멍까지 손으로 끌어와 구멍에 밀어 넣어 찍찍이를 구멍 밖으로 통과시키는 것 그 자체가 아주 재미있는 놀이가 된다. 게임으로 진행할 때 계속 변화하는 상황을 처리하기 어려워하거나 많이 당황하는 아이라면 이렇게 자유롭게 놀이하는 경험이 게임 도구에 친숙해지게 하기 때문에 본 게임을 할 때 좀 더 편안해질 수 있다.

치킨차차

(7세 이상, 2~4명)

기억력 게임

☑ **전문가의 선택**

치킨차차는 각자 자신의 닭의 꽁지를 상대에게 빼앗기지 않게 지키며 상대 닭의 꽁지를 빼앗기 위해 팔각형의 타일 그림들을 잘 기억해야 하는 게임이다.

팔각형 타일의 행렬 위치와 그림을 매치시켜 외워야 하는 기본적인 메모리 게임에 쫓고 쫓기는 스릴감이 더해진 업그레이드 버전의 기억력 게임이다. 기존 메모리 게임을 해 본 아이들이라면 더욱 재미있어할 것이다. 자신의 꽁지를 빼앗기지 않기 위해서나 상대 닭의 꽁지를 빼앗기 위해서는 12개의 그림을 잘 기억해야 하기 때문에 매우 집중해야만 한다.

#기억력 #즐거움 #집중력

이미지 출처: 코리아보드게임즈(https://www.koreaboardgames.com).

놀이 방법

계란 모양의 타일을 그림이 보이게 둥글게 펼쳐 놓는다. 그다음 12개의 팔각형 타일을 4×3의 행렬로 원 안에 뒤집어서 놓는다. 닭들은 계란 모양의 타일에 같은 간격을 두고 놓는다(그 지점이 각자의 출발점이 됨). 닭들은 이 계란 모양의 타일 위를 다니게 되는데, 자신이 있는 바로 앞의 그림과 같은 그림의 팔각형 타일을 찾아야 전진할 수 있다. 팔각형 타일은 자신의 순서에 1장씩 뒤집어 모두가 볼 수 있도록 한 뒤, 다시 뒤집어 놓는다. 그러기에 잠깐 보이는 그림들을 잘 외워 두어야 한다. 자기 닭의 바로 앞 그림과 내가 뒤집은 팔각형 타일의 그림이 일치한다면 한 칸 앞으로 전진하고, 틀릴 때까지 팔각형 타일을 더 뒤집을 수 있다. 그러나 틀렸다면 바로 멈추고 다른 사람에게 기회가 넘어간다. 전진하다가 상대방의 닭 바로 뒤에 도착했을 때, 상대방의 닭 바로 앞의 그림과 같은 팔각형 타일을 찾으면, 상대 닭을 뛰어넘으면서 그 닭의 꽁지를 빼서 자기 닭의 꽁지에 꽂는다. 이런 식으로 해서 다른 닭의 꽁지를 모두 빼앗아 오면 이기는 게임이다.

▶ 전문가의 노하우 ◀

[아동 특성별 대처 방법]

"내 닭의 꽁지가 빼앗길까 봐 불안해하느라 정작 게임을 진행하지 못해요."

경쟁심이 강하거나 게임에 익숙하지 못하여 자신감이 없는 아동들의 경우 간혹 이런 모습을 보일 수 있다. 따라서 아이가 이 게임 방법에 익숙해질 때까지는 쫓고 쫓기는 스릴감은 조금 뒤로 미루어 두고 부모님이 속도를 조절해 줄 필요가 있다. 따라서 초반에는 상대방의 꽁지를 뺏기보다는 메모리 게임을 변형해서 시도해 보면 좋겠다.

"그림들을 잘 기억하지 못해요."

치킨차차 게임을 어려워하는 아동 중에는 시각적 자극을 머릿속에 입력하는 데 어려움을 가진 아이들이 있다. 잘 생각해 보자. 우리가 어떤 종류의 상징이나 간단한 그림을 기억할 때 그림을 사진처럼 찍어서 그대로 기억하기도 하지만, 그렇게 되면 기억의 효율성이 떨어지게 된다. 그림을 언어로 바꿔서(시각자극을 청각적 부호화로 변형) 기억하게 되면 훨씬 더 효율적으로 많은 양을 기억할 수 있게 될 것이다.

　　그러므로 게임을 시작하기 전에 카드의 그림들을 언어화하는 시간을 가지는 게 도움이
된다. 예를 들어, 치킨차차 그림들 중에는 계란과 연관된 그림이 3장 있는데 이 카드들에
서 많이 헷갈리는 경우가 많다. "계란후라이, 컵에 담긴 계란, 계란 둥지."와 같이 그림을
언어화하고, 카드를 뒤집을 때마다 보이는 그림들을 소리 내어 말해 주는 것이 좋다. 팔각
형 타일의 행렬 위치와 그림을 매치시켜 외워야 하기 때문에 이런 종류의 게임에는 전략이
필요하며, 그 전략을 부모가 먼저 모델링을 통해 보여 주어야 아이가 배울 수 있게 된다.

기억력 게임

스택버거

(8세이상, 2~4명)

☑ 전문가의 선택

스택버거는 메모리 게임보다 한 단계 더 나아가 기억력뿐만 아니라 순서대로 기억해야 하는 순
차적인 정보처리도 필요한 레벨 업된 메모리 게임이다. 이 게임은 사실 '코딩교육용 게임'으로 기
획되어 출시된 만큼, 코딩에서 필요한 순차적인 처리능력, 문제해결력을 기르기 위한 목적으로
만들어진 게임이라고 볼 수 있다. 카드의 그림이 아이들이 좋아하고 친숙한 햄버거 그림이라서
그런지, 대부분의 아이들이 매번 가장 먼저 선택하는 인기 있는 게임이다.

대부분의 메모리 게임이 그러하듯, 집중력과 기억력이 요구되는 것은 물론, 순서대로 재료들을
모아야 하므로, 기억한 카드들을 머릿속으로 조합해야 하는 작업기억력까지 좀 더 고차적원적인
인지능력을 필요로 하는 게임으로 지속적 주의집중을 연습해야 하는 아동, 충동적인 아동들에게
안성맞춤이다.

#기억력 업그레이드 #햄버거 좋아 #순차적 정보처리능력 #작업기억력 #즐거움

이미지 출처: 다즐에듀(http://www.dazzleedu.co.kr).

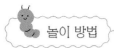 놀이 방법

　햄버거를 만들 수 있는 재료카드(7가지 재료카드가 1세트, 총 4세트)를 가운데 무작위로 섞어 행렬을 맞춰 뒤집어 놓는다. 햄버거카드는 3장을 골라 옆에 펼쳐 놓는다. 자신의 차례가 되면, 펼쳐진 3장의 햄버거카드 중 하나를 선택하고, 그 카드에 나온 햄버거 재료들을 찾기 위해 바닥에 펼쳐 놓은 재료카드를 하나씩 뒤집는다. 맨 아래에 있는 재료부터 시작해서 차례대로 찾아야 하며, 잘못된 카드를 뒤집으면 다음 사람에게 순서가 넘어간다. 뒤집었던 카드를 잘 기억해서 순서에 맞게 찾으면 햄버거카드를 획득한다.

 응용 방법

　재료카드의 개수로 게임의 난이도를 조절할 수 있다. 단, 1세트(7장)로는 게임을 할 수가 없으므로, 최소한 2세트(14장)의 카드로 게임을 시작할 수 있다. 어린 아동이나 처음 시작하는 경우는 재료카드 2세트로 시작하는 것이 좋다.

전문가의 노하우

[아동 특성별 대처 방법]

"카드 위치를 제대로 기억하지 못해요."

　이 게임은 다른 메모리 게임처럼, 기본적으로 카드의 위치를 기억해야만 그 이후에 순서대로 재료를 찾아 햄버거를 완성할 수 있다. 카드의 위치를 잘 기억하지 못하고 반복해서 틀리는 아동이라면, 이 게임보다 우선 기본적인 메모리 게임을 하면서 연습하는 것이 더 좋겠다. 아이들 중에는 상대방이 뒤집은 카드는 잘 보지 않고 기억하지 않는 경우가 있다. 또한 더 어린아이의 경우에는 자신이 한번 뒤집었던 카드를 외우지 못해서 계속 같은 카드를 다시 뒤집기도 한다. 이런 행동이 반복되면 같이 하는 부모는 한숨이 나온다. 그럴 때는 부모 차례에 카드를 뒤집으면서 일부러 큰 소리로 "아 이건 토마토네! 기억해야겠다. 토마토! 아까 여기 있던 게 양상추였지. 이건 양상추!"라고 하면서 기억하는 방법을 알려 줌과 동시에 힌트를 줄 수 있다. 같이 하는 성인이 실수하는 척하면서 힌트를 주고, 아동이 승리의 기쁨을 맛보아야 반복해서 게임을 하면서 연습할 수 있다는 것을 기억하자.

"순서대로 하지 않고, 자꾸 실수를 해요."

카드 위치를 정확히 기억하고 있음에도 불구하고 자꾸만 순서대로 하는 것을 잊어버려서 다른 카드를 뒤집는 아동이라면 다소 충동적인 특성 혹은 순차적 정보처리의 어려움이 있을 가능성이 있다. 이런 경우라면, 자신의 차례가 되었을 때 무조건 카드를 뒤집기보다는, 뒤집기 전에 잠깐의 시간을 주어서 순서를 정리할 수 있게 도와주어야 한다. "잠깐만, 너 이번엔 무슨 햄버거 만들 거야? 아, 그래~ 그럼 어떤 재료부터 찾아야 하지? 맞다. 아래에 있는 것부터 찾아야 하지!" 하고 힌트를 주는 것이다. 아동이 카드를 1장씩 찾을 때마다, 다른 카드를 뒤집기 전에 틈을 타서 "아, 그다음에 무슨 카드를 뒤집어야 하더라?" 하고 질문을 해서 아동이 충동적으로 행동하지 않도록 도와주어야 한다.

부모와 치료사를 위한 보드게임 놀이법

7. 행동조절력향상 보드게임

1) 시지각협응 게임 ┤ 몬스터 베이킹, 할리갈리 컵스, 스티키 스틱스

2) 소근육조절 게임 ┤ 젠가, 흔들흔들 피자토핑, 코코너츠, 컬링, 스틱스택

3) 공간지각 게임 ┤ 메이큰 브레이크, 큐비츠, 패턴플레이 3D, 쉐이프 업

몬스터 베이킹

(6세 이상, 2~4명)

☑ **전문가의 선택**

몬스터 베이킹은 제시된 카드에 해당하는 색깔의 캔디를 스푼에 담아 자신의 그릇까지 떨어뜨리지 않고 가져오는 간단한 규칙을 가진 게임으로, 아이들이 매우 즐거워하는 게임이다. 간단하지만 즐겁게 하다 보면 어느새 주의집중력, 관찰력, 소근육 협응능력뿐 아니라 긴장감을 감당하는 능력까지 기를 수 있다. 또한 이 게임은 한 라운드에 소요되는 시간이 짧아 승패에 민감한 아이들에게도 이길 수 있는 기회를 여러 번 줄 수 있다는 장점이 있다.

어린아이들이라면 게임을 시작하기 전에 게임 도구를 놀이처럼 자유롭게 다루어 본 후에 본 게임을 하는 것이 좋겠다. 동글동글해서 데구루루 굴러가는 캔디를 나무 스푼으로 떠서 그릇까지 무사히 가져오는 미션이 그리 쉽지만은 않다!

#시지각협응능력 #즐거움 #집중력 #문제해결력

이미지 출처: 텐바이텐(http://www.10x10.co.kr/shopping).

 놀이 방법

　뒤죽박죽 30개의 컬러 캔디를 베이킹 보울에 넣고 섞은 후, 각 플레이어는 나무 스푼 하나, 나무 보울 하나씩을 나누어 갖는다. 케이크 카드는 잘 섞어서 베이킹 보울 위에 올려놓고 준비한다. 자신의 차례가 되면 카드를 뒤집고, 카드가 모두에게 잘 보이도록 놓은 후 "몬스터 케이크 만들자, 준비, 시작!" 하고 외치면 게임이 시작된다. 떨어지지 않게 조심하면서 재빨리 카드에 제시된 색깔의 캔디를 자신의 나무 보울로 다 옮겨 온 플레이어가 "몬스터 스톱!"을 외치면 모든 플레이어는 스푼을 내려놓고 스톱을 외친 사람이 맞게 가져왔는지 확인한다. 카드와 일치하게 가져왔다면 해당 카드는 그 사람의 것이 된다. 이런 방법으로 5장의 카드를 먼저 획득하는 사람이 최고의 몬스터 베이커가 되어 승리한다.

시지각협응

 응용 방법

- "몬스터 케이크 만들자, 준비, 시작!"을 외치기 전에 먼저 움직이면 캔디를 하나 반납하는 원래의 게임 방법에서, '사이몬 가라사대' 게임처럼 특정 낱말이 들어간 신호에서만 시작하는 것으로 응용하여 청각적 주의집중능력을 연습할 수 있다. 행동이 앞서는 충동적인 성향의 자녀라면 이렇게 응용해서 행동을 조절하는 연습도 겸할 수 있겠다.

- 카드를 제시하고 얼마간 카드에 있는 캔디 색을 외울 시간을 준 후 기억해서 가져오는 게임으로 단계를 올려서 할 수 있다. 부모님이 먼저 어떻게 기억하면 좋을지의 책략을 알려 주는 것이 효과적이다. 예를 들어, 캔디 색의 앞자리만 따서 '빨-노-분-초'라는 식으로 기억하고, 상대에게 방해가 되지 않을 만큼 입으로 중얼중얼 외우는 방법을 보여 주어 자녀가 배울 수 있도록 하는 것이다.

[아동 특성별 대처 방법]

"남이 먼저 할까 봐 조급해하고 신경질 내느라 정작 자기 것은 못해요."

규칙은 간단하지만 정확하고 바르게 수행해 내야 하는 게임이기에 경쟁심이 강한 아이는 상대가 어떻게 하고 있느냐에 신경 쓰느라 정작 내 것을 완수하지 못하는 상황에 부딪칠 수 있다. 그러다 보면 질까 봐 점점 더 조급해지고, 신경질이 나기도 한다.

- 이럴 땐 이 게임을 '누가 먼저 5장을 모으냐.' 하는 원래의 게임 규칙 말고 그림 카드의 모양과 똑같이 만드는 게임으로 활용해 보면 좋다. 역할놀이처럼 아이는 베이커리의 파티시에, 엄마는 손님이 된다. 엄마가 카드 1장을 선택해 이렇게 만들어 달라고 주문하면 파티시에가 된 아이는 그 주문카드대로 똑같이 만드는 역할 놀이로 응용해서 할 수 있다.

- 어린 아동이라면 게임 전에 소꿉놀이하듯 그냥 편하게 놀아 보는 것이 좋다. 오히려 게임보다 더 재미있어할 수도 있다. 믹싱볼에서 캔디를 마구마구 섞는 것만으로도 아이들은 즐거워하며, 믹싱볼에서 눈 감고 한 주먹 캔디를 움켜잡고 캔디가 몇 개 정도 될지 어림짐작해 보는 놀이도 아이들이 무척 좋아하는 놀이이다.

- 믹싱볼에서 하나의 캔디를 숟가락에 뜨기가 생각보다 쉽지 않으므로, 믹싱볼의 모서리나 벽면을 이용하는 법 등 요령을 함께 찾아보면 도움이 된다.

- 이렇게 도구를 다루는 능력이 조금 더 익숙해지면 게임할 때 조작 미숙으로 시간이 걸리는 문제는 줄어들 것이고, 그러면 아이의 스트레스가 덜해질 것이다.

- 남이 먼저 할까 봐 신경 쓰면 결국 내 것을 완성하지 못하는 결과도 아이가 경험해야 할 필요가 있다. 그래야 알게 되기 때문이다. 그렇지만 그걸 곧이곧대로 "네가 남이 먼저 할까 봐 신경 쓰니까 네 것을 못하는 거잖아."라고 하지는 말고, "아이고, 다른 사람 하는 거 신경 쓰다 보니까 엄마 그릇을 못 채웠네. 엄마는 이제 엄마가 하는 것에만 집중해야겠어."라고 엄마의 이야기로 말해 주는 것이 좋겠다.

할리갈리 컵스

(7세 이상, 2~4명)

☑ **전문가의 선택**

할리갈리 컵스는 보드게임계의 고전인 할리갈리의 스핀오프 버전이다. 할리갈리는 카드를 넘겨 같은 과일의 합이 5가 될 때 종을 친다면, 할리갈리 컵스는 색깔 컵으로 카드와 똑같이 구성해야 하는 시지각협응능력이 필요한 게임이다. 할리갈리를 좋아하는 아이라면 할리갈리 컵스도 좋아 할 만하다.

눈으로 보고 동시에 손으로 조작하여 똑같이 만들어 내는 시지각협응능력과 순발력 게임이 만난 할리갈리 컵스는 천천히 진행한다면 어린 연령의 아이에서부터 가능하며, 초등학생들이라면 빠른 순발력이 포인트가 될 것이다.

시지각협응

#시지각협응능력 #할리갈리 스핀오프 #순발력

이미지 출처: 코리아보드게임즈(https://www.koreaboardgames.com).

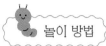 놀이 방법

플레이어 모두 각자 5개의 색깔 컵을 나누어 가지고, 가운데에는 카드와 종을 놓는다. 자신의 차례인 플레이어가 가운데 카드더미에서 카드 1장을 펼치면, 모든 플레이어는 카드에 제시된 모양에 따라 색을 맞춰 위로 쌓거나 옆으로 순서대로 늘어놓아야 한다. 먼저 완성한 사람이 종을 치며, 맞게 완성했다면 카드를 가져간다. 카드를 많이 모은 사람이 승리하게 된다.

전문가의 노하우

시지각협응능력이란

시지각협응능력이란 시지각과 대근육 및 소근육 운동 간의 협응을 통해 시각적으로 입력된 자료를 실제 행동으로 옮기는 능력이다. 우리의 시지각은 단순히 눈으로 보는 능력만이 아니라 시각적 자극을 인식하고 변별하여 인지적 요소를 처리하는 종합적인 의사결정 과정으로 볼 수 있다.

시각-운동 협응능력의 가장 대표적인 것이 '글씨 쓰기'이다. 한글을 처음 쓰고 익히는 과정에서 시각적으로 입력된 정보와 그에 따른 운동 반응으로 협응할 수 있어야 하기 때문이다. 시지각협응능력은 학령기 아동들의 학업성취도와 높은 상관관계가 있으며, 학습장애의 가능성을 잘 예측하는 지표 중 하나로도 알려져 있다. 따라서 글씨 쓰기 이전 단계의 아이들에게 무언가를 보고 똑같이 만들고 조작하거나, 그리기, 따라 쓰기 등의 활동을 즐겁게 자주 할 수 있다면 시지각협응능력 발달에 도움이 된다.

스티키 스틱스

(8세 이상, 1~4명)

☑ **전문가의 선택**

스티키 스틱스는 던져진 주사위의 조건에 맞는 그림 타일을 많이 모으는 단순한 게임임에도 불구하고 주어진 흡착 스틱으로 타일을 뽁뽁 찍어 오는 재미가 쏠쏠하여 아이들의 흥미를 끄는 게임이다. 또 한 판이 끝나는 데 소요되는 시간이 길지 않아 이번 판에서는 졌더라도 다음 판에는 이길 수 있는 기회를 여러 번 제공할 수 있다는 장점이 있다.

세 개의 주사위 조건도 잘 조합해야 하고, 조건에 맞는 타일을 정확하게 찾아내야 하며, 민첩하게 움직여 스틱으로 가져와야 하므로 집중력과 협응력을 향상시킬 수 있다. 즐겁게 게임할수록 긴장감을 다루는 힘도 자라날 것이다. 마음보다 행동이 앞서는 충동적인 성향이 있는 아이와 함께 한다면 게임의 속도를 조절하여 '빠르고 민첩하게'보다 '찬찬히 관찰하고 정확하게' 가져오기에 초점을 맞추어 진행하도록 한다.

무엇보다 게임 시작 전에 숫자 주사위, 색깔 주사위, 표정 주사위를 잘 살펴보고 기호에 대해 정확하게 이해하는 시간이 먼저 필요하다. 세 개의 주사위를 조합하여 조건을 읽는 것에는 연습이 필요하다.

#시지각협응능력 #즐거움 #집중력 #민첩성 #충동성 조절

이미지 출처: 행복한 바오밥(https://www.happybaobab.com).

놀이 방법

먼저 숫자 주사위, 색깔 주사위, 표정 주사위를 잘 살펴보고 기호에 대해 정확하게 이해하도록 한다. 그림이 그려진 몬스터 타일을 게임 상자 안 13개의 칸에 골고루 놓는다. 그리고 각자 스틱 1개씩을 나누어 갖는다. 3개의 주사위를 동시에 굴리고, 조건에 맞는 타일을 스틱으로 찍어 온다. 모두가 동시에 진행하기 때문에 정확한 타일을 가장 먼저 가져오는 사람이 그 타일을 가질 수 있다. 주사위를 굴리고 타일을 가져다가 보면 게임 상자에 빈칸이 생기는데 이 빈칸이 5개가 되면 게임이 종료되고, 그 시점에서 가장 많은 타일을 가져온 사람이 승리한다.

응용 방법

- 표정 주사위가 기본 게임용과 쉬운 게임용으로 제공된다. 쉬운 게임용으로 먼저 해 본 후 기본 게임용으로 해 보는 것도 좋고, 선택해서 하는 방법으로 해도 좋다.
- 어린 연령(4~5세)의 아이들과 게임을 할 때에는 주사위를 1개나 2개만 사용하면 쉽게 할 수 있다. 또한 조커 타일만 제외하고 진행해도 훨씬 수월하게 할 수 있다.

전문가의 노하우

[아동 특성별 대처 방법]

"서로 자기가 먼저 했다고 해요."

이 게임은 규칙이 간단하지만 정확하고 빠르게 수행해 내야 하는 게임이기에 시간 차이를 두고 갈등이 생길 소지가 크다. 같은 그림에 거의 비슷하게 스틱을 갖다 대고는 서로 자기가 먼저 했다고 목청 높여 주장할 가능성이 높기 때문이다. 이런 일이 생길 것을 예측하고 게임 시작 전에 이것에 관해 어떻게 해결하면 좋을지를 의논하는 시간이 꼭 필요하다. 중요한 것은 훌륭한 해결책보다는 각자 낸 방법들을 존중하는 것이다. 첫 판에서는 엄마가 낸 방법으로, 두 번째 판에서는 누나가 낸 방법으로, 세 번째 판에서는 동생이 낸 방법으로, 네 번째 판에서는 아빠가 낸 방법으로 따르기로 한다거나, 그렇게 다 해 보고 어떤 방법이 가장 효과적이었는지를 기억하고, 다음에 할 때 기억을 상기해서 정하는 것도 매우 좋은 방법이 될 것이다. 놀이시간이 여유롭지 않거나 이런 절차가 번거롭다고 생각된다면, 각자의 방법을 선택했을 때의 결과를 예측하게 함으로써 게임 시작 전에 아예 방법을 정해 놓고 하면 좋겠다.

"주사위 조건에 적합한 타일 찾는 것을 어려워해요."

이 게임은 주사위 3개를 굴려 각각의 주사위에 나온 조건에 모두 부합하는 타일을 찾아야 한다. 즉, 주사위 하나에는 색깔이, 다른 주사위에는 숫자가, 나머지 다른 주사위는 얼굴 표정이 각각 나와 있으므로, 이 세 주사위의 조건을 모두 만족하는 타일을 찾아야 한다. 예를 들어, 각각의 주사위가 노란색, 숫자 3, 웃는 얼굴이 나왔다면 '노란색 웃는 얼굴이 3개'인 타일을 찾아야 하는 것이다. 다시 말하면, 3가지의 조건, 즉 복잡한 자극을 간단하게 부호화할 수 있는지가 이 게임을 잘할 수 있는 관건이 된다. 이것을 어려워한다면, 게임을 같이 하는 성인이 소리 내어 반복해서 간단하게 부호화하는 것을 보여 주어야 한다. "아, 빨간색 화난 얼굴 1개짜리." 이렇게 되뇌면서 카드를 찾는 것을 반복해서 보여 주고, 아동 스스로 문장으로 이야기할 수 있도록 돕는 것이 필요하다. 처음에는 주사위 2개를 가지고 연습하다가 익숙해지면 3개로 늘려서 진행하는 것도 좋다.

젠가

(6세 이상, 2~8명)

☑ 전문가의 선택

젠가는 전국민 누구나 다 아는 국민 보드게임이다. 나무 블록탑에서 아래의 나무 블록을 하나씩 빼되, 블록탑이 쓰러지지 않도록 조심해서 탑 위로 올리는 게임이다. 간단해 보이지만 실전은 규칙처럼 간단하지만은 않다. 탑이 쓰러지지 않기 위해서는 신중하고 조심성이 있어야 하고, 긴장감을 감당할 수 있어야 하며, 무엇보다 탑이 쓰러지는 것에 대한 실망감과 좌절감을 견디고 다시 도전해 낼 수 있어야 한다.

#소근육조절능력 #집중력 #협응력 #보드게임 첫 관문 #좌절에 대한 인내력

이미지 출처: 해즈브로 공식 스토어(https://brand.naver.com/hasbro).

놀이 방법

　각 층마다 나무 블록은 3개씩으로 하고, 위층과 아래층의 나무 블록 방향은 서로 엇갈리게 하여 18층으로 쌓는다. 게임이 시작되면 내 차례에 나무 블록 하나를 선택해 조심스럽게 빼낸다. 이때 한 손만 사용해야 한다. 꺼낸 블록은 다시 나무 블록 탑의 맨 위에 쌓아 올린다. 나무 블록은 세워서 쌓을 수 없으며, 아래층과 엇갈리게 쌓아야 한다. 나무 블록 탑이 쓰러지지 않았다면, 다음 사람에게 차례가 넘어간다. 게임을 진행하다가 나무 블록 탑이 쓰러지면 게임이 종료되고, 탑을 쓰러뜨린 사람이 지는 게임이다.

응용 방법

- 나무 블록을 이용해 자유롭게 여러 모양으로 쌓기 놀이를 해도 좋다.
- 나무 블록을 도미노 놀이처럼 활용해서 놀이할 수 있다.
- 나무 블록 하나하나마다 질문을 써 놓고, 뽑은 나무 블록에 써 있는 질문에 답하는 게임으로 활용할 수 있다. 가족 구성원이 각자 좋아하고 싫어하는 것에 관한 질문이나 함께 공유한 여행이나 추억들을 떠올릴 수 있는 질문들을 이용하면 가족 간의 친밀감과 유대감이 한층 더 돈독해질 것이다.

[아동 특성별 대처 방법]

"자기만 졌다고 시무룩해하거나 '너 때문에 졌다.'고 해요."

'젠가' 게임은 이긴 사람이 아닌 진 사람이 결정되는 게임이므로 "너 때문에 졌다."고 하거나 자기만 졌다고 시무룩해 할 수 있다. 지는 것을 유난히 받아들이기 힘들어하는 아이라면 더욱 그럴 수 있다.

이럴 경우 협동게임으로 활용해 보는 것이 도움이 된다. 젠가가 쓰러지지 않고 버틴 시간을 재는 것으로 변형하는 것도 좋다. '미션(10분 이상 젠가탑이 쓰러지지 않게 버티기)이 성공하면 피자 파티! 실패하면 다음 기회에……'라는 식으로 가족 미션 게임으로 활용하면 미션 성공을 위해 서로의 차례에 격려하고, 협동하게 되어 훨씬 더 유대감을 형성하며 즐길 수 있을 것이다. 되도록 성공 가능성이 높은 미션을 정하여 협동의 기쁨을 맛보도록 하는 것이 좋다.

지는 것을 수용하는 자세는 이렇게 즐겁고 값지게 이긴 경험들이 충분히 쌓여야 가능하다.

흔들흔들 피자토핑

(6세 이상, 2~4명)

☑ **전문가의 선택**

흔들흔들 피자토핑은 균형을 잘 잡아 쓰러지지 않게 하는 밸런싱 게임의 한 종류이다. 살짝 기울어진 피자 도우 위에 피자 토핑을 올려 균형을 유지해야 하는데, 토핑의 종류마다 무게가 조금씩 다르므로 이것을 잘 활용해야 하고, 조심스럽게 올려놓아야 하므로 힘 조절이 필요하다. 또한 균형이 잘 깨지기 때문에 좌절인내력이 요구된다. 그러기에 함께 하는 성인이 잘 되지 않았을 때 느껴지는 부정적 감정을 다루어 줄 수 있다면 매우 값진 경험이 될 것이다.

밸런싱 게임은 피사의 탑, 의자 쌓기, 배에서 균형 유지하기 등 다양한 형태로 출시되어 있어 아이의 발달수준과 관심사를 고려해 선택할 수 있다.

소근육조절

#소근육조절능력 #협응력 #좌절인내력 #밸런싱게임 #자연스럽게 져 줄 수 있는

이미지 출처: g마켓(https://item.gmarket.co.kr).

놀이 방법

　주방장 인형의 손가락에 피자 도우를 끼운다. 자신의 차례가 되면 주사위를 던져 나온 토핑을 흔들리는 피자 도우판 위에 중심을 잘 잡으며 올린다. 중심을 잘 잡지 못해 피자 도우판이 엎어지면 지게 된다.

응용 방법

● 피자 도우판이 생각보다 미끄러워 토핑들이 쉽게 떨어지므로 게임 시작 전에 자유롭게 토핑을 얹어 보며 감을 키울 수 있는 시간을 가지면 좋다. 피자 토핑이 자꾸 떨어져서 즐거움보다 짜증이 더 많이 난다면 피자 도우 표면이 덜 미끄러워지는 방법들(예: 피자 도우 표면을 식품용 랩으로 싸기)을 모색해 적용해 보는 것도 좋겠다.

● 주사위를 던져 나오는 토핑을 올리는 방법 말고 자기 차례가 되면 주사위 없이 토핑 하나를 선택해서 올리는 방법으로 해 보는 것도 추천한다. 많은 토핑 중 하나를 선택하는 아이만의 이유를 알 수 있게 되고, 함께 하는 성인의 논리도 아이가 배울 수 있게 되는 기회가 될 것이다.

코코너츠

(7세이상, 2~4명)

☑ 전문가의 선택

코코너츠는 원숭이의 손 위에 코코넛을 올리고 슈팅하여 바구니에 넣는 게임으로, 누르는 강도를 조절하여 골인하는 일종의 변형된 미니 농구게임의 형태이다. 울퉁불퉁한 모양과 독특한 재질의 코코넛의 움직임으로 인해 생각지도 못한 재미가 터진다.

소근육의 조절능력을 기를 수 있는 다양한 게임 중 하나로, 방법이 간단하지만 예측하지 못한 코코넛의 움직임으로 인해 생각보다 훨씬 재미있어서 몰입도가 높아 가족파티 게임으로도 강력히 추천한다.

#소근육조절능력 #몰입도 #즐거움 #어디로 튈지 몰라~

소근육조절

이미지 출처: 코리아보드게임즈(https://www.koreaboardgames.com).

 놀이 방법

바구니 14개(노란색 10개, 빨간색 4개)를 정사각형 모양으로 가운데에 세팅한 뒤,

각자 일정한 거리에서 원숭이 팔을 튕겨서 코코넛을 바구니 안에 넣는 게임이다. 코코넛을 넣은 바구니는 각자 자신의 앞에 배치하며, 상대방의 바구니에 코코넛이 들어갈 경우 바구니를 뺏어 올 수도 있다. 바구니를 많이 가져오는 사람이 승리한다. 또한 빨간 바구니에 코코넛이 들어가면 한 번의 기회가 더 있고, 술법 카드로 몇 가지의 변형도 시도할 수 있다.

 응용 방법

- 술법카드를 사용하지 않고, 번갈아 가면서 코코넛을 넣는 단순한 규칙을 사용하면 더 어린 연령의 아동에게도 사용 가능하다.

전문가의 노하우

[아동 특성별 대처 방법]

게임을 시작하기 전에 반드시 충분한 연습시간을 가져요!

소근육 조절을 활용한 보드게임은 상당히 도전적인 특성이 있다. 쉽게 좌절감을 느끼는 아이들은 몇 번의 시도에도 잘 되지 않으면, 게임을 안 하려고 할 수 있다. 따라서 상대방과 경쟁을 하는 게임을 하기 전에, 반드시 충분히 연습하는 시간을 가져야 한다. 연습을 할 때는 구체적으로 피드백을 주는 것이 필요하다. "아, 이번에는 조금 멀리 나간 걸 보니, 조금 세게 눌렀나 보다…… 아까워! 조금 살살 눌러 봐야겠어~." "오…… 들어갔다! 와우. 지금 했던 느낌을 잘 기억해야겠는 걸~." 미세하게 아동이 손가락의 힘을 조절하고, 방향을 조준하는 행동을 잘 관찰했다가 구체적으로 피드백을 주고 감을 익히도록 연습한 뒤, 본 게임을 시작해 보자.

컬링

(7세 이상, 2~4명)

소근육조절

☑ **전문가의 선택**

온몸의 운동신경과 대소근육의 협응 및 조절이 종합적으로 필요한 컬링경기가 보드게임으로 재
탄생했다. 거기에 서로를 밀어내고 밀리는 스펙터클함까지 더해져 가족파티 게임으로도 손색을
없을 만큼 즐거운 게임이다.

활동량도 많고 에너지가 넘쳐 자신의 신체를 조절하는 데 어려움이 있는 아이들에게는 미세하게
자신의 움직임을 조절해야 하는 활동들이 도움이 될 수 있다. 언제, 얼마만큼, 어떻게 힘을 주고
빼야 하는지는 반복적인 몸의 감각을 통해서만 습득할 수 있기 때문이다. 스포츠처럼 시행착오
를 겪으면서 연습하고, 또 기술이 차곡차곡 쌓여 이기다 보면 성취감이 저절로 쑥쑥 생긴다. 자신
의 마음과 달리 과격한 움직임이 있는 아이들이라면 게임을 통해서 조절능력을 길러 보는 것을
추천한다.

#소근육조절능력 #행동조절능력 #밀어내기 한판 #좌절인내력 #미세한 조절능력

이미지 출처: 11번가(http://www.11st.co.kr).

 놀이 방법

스포츠 컬링 경기와 거의 같은 규칙이 적용된다. 각 팀은 스톤을 4개씩 가지고 번갈아 가면서 출발선에서 스톤을 밀어서 빨간색 원에 가까이 멈추도록 한다. 상대팀의 스톤을 밀어낼 수도 있고, 4개의 스톤을 모두 민 후에 빨간색 원에 가장 가깝게 위치시킨 팀이 승리한다.

 응용 방법

컬링 보드게임은 땅따먹기나, 바둑알 튕기기 등의 놀이로 전환해서 진행할 수 있다. 가장 쉽게는 플라스틱 음료뚜껑이나 테니스공을 이용해서 목표선을 정하고 그 선에 가장 가까이 가는 사람이 승리하는 형태로 진행이 가능하다.

스틱스택

(7세 이상, 2~10명)

☑ **전문가의 선택**

스틱스택은 흔들흔들 피자토핑 게임보다는 조금 더 난이도가 있는 밸런싱 게임이다. 가벼운 재질로 되어 있고 부피도 적어, 이동이 편리하다 보니 온 가족 파티 게임으로 제격이다. 게임의 규칙도 직관적으로 알 수 있어 쉽게 즐길 수 있다.

#행동조절능력 #소근육조절 #즐거운 가족파티게임

소근육조절

이미지 출처: 만두게임즈(https://www.mandoogames.com).

 **놀이 방법**

간단한 조작으로 지지대와 컵을 연결하여 타워를 만든다. 자신의 차례가 되면 주머니 속에서 스틱을 하나씩 꺼내 컵에 쌓는다. 이때 스틱은 같은 색깔끼리만 닿을 수 있다(컵, 다른 스틱 모두 해당). 스틱을 쌓다가 떨어뜨리면 떨어진 스틱을 모두 가

져오며, 이때에는 스틱을 주머니에서 가져오지 않고 자신의 손에 있는 스틱을 사용하여 게임을 진행한다. 타워를 쓰러트리는 사람은 5점, 손에 들고 있는 스틱은 1점씩 계산하여 점수가 11점이 되는 사람이 나오면 게임이 끝난다.

메이큰 브레이크

(6세 이상, 2~4명)

☑ **전문가의 선택**

메이큰 브레이크는 다양한 블록으로 카드에 제시된 그림과 똑같이 만드는 게임이다. 단순한 규칙이지만 그리 쉽지만은 않다. 시간 내에 다양한 블록으로 카드와 똑같이 만드는 데는 공간지각 능력이 요구되기 때문이다. 메이큰 브레이크 게임은 공간지각 및 구성 능력을 향상시키는 데 도움이 되며, 매우 고전적인 게임으로 버전이 다양하다. 라이트, 주니어, 익스트림, 서커스 버전 등등이 있어 아동의 연령이나 수준에 따라 선택할 수 있다.

성인이 보기에는 그저 똑같이 만드는 게임으로 별로 재미가 없어 보이긴 하나, 아이들은 의외로 이 게임에 흥미를 보인다. 시간 내에 똑같이 만들어 내고 구성하는 데 성취감을 느낄 뿐 아니라, 타이머가 있어 적절한 긴장감이 흥미를 배가시키는 것 같다.

공간지각

#공간지각능력 #의외로 좋아해 #쉬운 듯 안 쉬운

이미지 출처: 아마존(https://www.amazon.co.uk).

게임 규칙은 매우 간단하다. 자신의 차례에 카드를 뒤집어 주어진 시간 내에 똑같이 만들어 내는 것이다. 라이트와 주니어는 색깔이 다른, 같은 모양의 블록으로 구성되어 있으며 익스트림은 10개의 블록이 모두 색과 모양이 다르다. 서커스 버전은 블록에 동물모형도 함께 구성되어 있다. 모든 버전에는 카드마다 난이도가 있어 아이들의 수준에 따라 난이도를 조절하기가 쉽다.

전문가의 노하우

공간지각능력이란

공간지각능력이란 공간관계나 공간 위치를 감각을 통해 파악하는 능력이다.

공간지각능력은 시공간적 능력을 포괄하는데, '공간지각' '공간조작' '정신적조작능력' 세 가지로 이루어진다. 공간지각은 거리, 위치, 공간의 특징 등을 지각하는 능력으로 물체가 어디에 위치하는지, 거리는 얼마나 되는지 등을 가늠하는 능력이다. 공간조작은 지각한 정보를 가지고 조작하는 것으로 종이접기, 위치 변경 등 공간 간 관계를 토대로 시공간적 계산이나 변형을 이루어 내는 능력을 뜻한다. 정신적 조작능력은 시공간적 조작을 머릿속으로 회전하거나 조작할 수 있는 능력이다.

공간지각능력은 도형 맞추기, 물건 찾기, 길 찾기 등 일상생활에서 두루 쓰이는데, 공간적인 영역뿐 아니라 비공간적인 사고 영역에도 영향을 미친다. 또한 공간 위치 지각(공간에 있어서의 대상과 보는 사람에 대한 관계 지각)에 문제를 지니게 되면 읽기, 쓰기, 산수 학습에 곤란을 겪게 될 수도 있다.

큐비츠

(7세 이상, 1~4명)

☑ 전문가의 선택

큐비츠는 공간구성능력을 향상시키는 대표적인 게임으로, 4개 혹은 16개의 큐브로 만들어 내는 수많은 패턴의 대향연이 나타난다. 퍼즐을 좋아하는 친구들이라면 즐겁게 도전해 볼 만하다. 다양한 버전이 있어서 연령에 따라 선택도 가능하다. 큐비츠 주니어는 5세 이상, 솔로는 7세 이상, 익스트림 버전은 초등학교 이상이어야 가능할 것으로 보인다. 또한 같은 버전 내에서도 난이도가 조절될 수 있어 융통성 있게 사용이 가능하다.

추상적인 자극에 대한 분석능력, 공간분석 및 지각능력, 특히 전체를 부분으로 나누고, 부분을 다시 전체로 통합시킬 수 있는 능력을 향상시킬 수 있는 훌륭한 보드게임이다. 익스트림 버전의 경우 어른들도 "와~ 이 카드를 이렇게 만들 수 있어?!"라는 감탄사를 할 정도로 똑같이 만들고 나면 성취감도 느낄 수 있다.

공간지각

#공간지각능력 #추상적 자극에 대한 분석능력 #머리가 좋아지는 게임

이미지 출처: 공간27몰(https://www.gonggan27.com/shop).

 놀이 방법

주니어는 큐브가 4개, 오리지널과 익스트림은 16개의 큐브로 구성되어 있다. 큐브를 이용해서 제시된 카드와 똑같이 만드는 게임이다. 솔로 버전을 구입하면 혼자서, 일반 버전을 구입하면 4명까지도 함께 할 수 있다.

 응용 방법

버전이 다양한 만큼 수준에 따라 선택할 수 있다. 어린아이들의 경우 단순한 블록 쌓기나 자신만의 모양 만들기 등 자유놀이에서 활용할 수도 있다.

패턴플레이 3D

(7세 이상, 1~4명)

☑ **전문가의 선택**

패턴플레이 3D는 입체적인 큐브를 활용한 공간지각력 게임이다. 평면에서 도형을 구성하는 것보
다는 입체적인 도형들을 만들어 내고 거기에 균형 감각을 동원하여 잘 유지시킬 수 있어야 한다.
무엇보다 블록이 크고 무게감도 있을뿐더러, 색감이 좋아서 어린 연령의 아이들이 놀잇감으로
가지고 놀기에도 적합하다.

#공간지각능력 #균형감각 #입체적인 공간구성

공간지각

이미지 출처: 공간27(http://www.gonggan27.com).

 놀이 방법

　7가지 종류의 총 22개의 원목 블록을 가지고 카드에 제시된 모양을 똑같이 따라
만드는 게임이다. 카드는 1번부터 40번까지 있고 평면과 입체도형이 다양하게 구성

되어 있다. 난이도가 높은 카드는 무너지지 않기 위해서 상당한 균형 감각을 필요로
하기도 한다.

 응용 방법

가격대가 있는 만큼 블록의 퀄리티가 좋은 편이다. 크기도 꽤 커서, 어린아이들은
블록 놀잇감으로도 사용할 수 있다.

쉐이프 업

(8세 이상, 2~4명)

☑ **전문가의 선택**

쉐이프 업은 정사각형과 삼각형 모양의 투명타일을 이용해 자신의 게임판을 먼저 채우는 사람이 이기는 게임이다. 주사위를 굴려 나온 도형을 어떻게 놓는 것이 자신에게 유리한지, 어떤 모양 조각을 상대편으로부터 갖고 와야 좋을지 예측하고 계획할 수 있어야 한다. 크기가 다른 각각의 도형을 가지고 커다란 사각형의 게임판을 어떻게 채워야 하는지 모색하면서 공간지각력과 전략적 사고를 키워 줄 수 있는 멋진 게임이다. 학습을 놀이처럼 재미있고 능동적으로 할 수 있게 해 줄 것이다.

#공간지각력 #전략적 사고 #즐거움 #집중력

공간지각

이미지 출처: 생각투자(http://thinksmart.co.kr).

 놀이 방법

주사위를 굴려 나온 도형을 도형판에서 가져와 자신의 게임판에 놓는다. 게임판

에 도형 조각을 놓을 때는 게임판의 선에 딱 맞게 놓아야 하는데, 같은 색끼리는 맞닿을 수 없고 꼭짓점은 닿아도 가능하다. 주사위에서 손바닥 모양이 나오면 상대편 게임판에서 도형 조각 하나를 가지고 올 수 있다. 자신의 게임판을 먼저 다 채워 완성하는 사람이 이기는 게임이다.

응용 방법

- '쉐이프 업'의 도형 조각들은 색이 있는 투명한 조각으로 스테인드글라스같이 배경 색, 빛에 따라 영롱한 느낌을 주어 아이들이 그 자체로 매력을 느낀다. 선글라스처럼 눈앞에 대어 보거나 형광등 불빛, 자연광에 대어 보면서 탐색할 수 있다. 또한 2개의 서로 다른 색을 겹쳐 보면서 색의 혼합도 해 볼 수 있다.
- 도형 조각을 분류해 보고, 게임판 위에 도형 조각으로 동물이나 사물의 모양을 자유롭게 구성해 보는 것도 재미있다.
- 같은 색끼리 맞닿을 수 없다는 조건을 배제하면 좀 더 어린아이들도 할 수 있다.

전문가의 노하우

[아동 특성별 대처 방법]

"어렵다며 하지 않으려 해요."

쉐이프 업 게임은 얼핏 보기에는 간단하고 쉬워 보이지만 결코 쉽지 않은 두뇌게임이다. 면적을 분할하고 합하는 데 능숙해야 하고, 도형을 머릿속에서 회전시킬 수 있어야 하기 때문이다. 그렇기 때문에 본 게임을 하기 전에 자유롭게 도형 조각을 게임판 위에 놓고 놀아 보는 경험들이 필요하다. 만약 아이가 이 게임은 어렵다며 하지 않으려 한다면 수용해 주고, 평소 칠교놀이나 색종이 접기 등을 하며 도형에 대한 감각을 길러 준 후 쉐이프 업 게임을 다시 접하면 재미있게 할 수 있을 것이다.

부모와 치료사를 위한 보드게임 놀이법

8. 인지향상 보드게임

1) 수학적 사고력 게임	과수원 까마귀 열매 먹기, 쏙쏙 키재기 벌레, 할리갈리, 아이씨 10, 젝스님트, 로보 77
2) 언어적 사고력 게임	폭탄 돌리기, 테마틱, 블리츠
3) 실행기능 게임 1	알록달록 난쟁이, 치치&부기, 파파베어, 강아지 야옹, 왼쪽 오른쪽
4) 실행기능 게임 2	고고 젤라또, 닥터 유레카, 뒤죽박죽 서커스
5) 추론적 사고력 게임	게스 후, 보석찾기 듀얼, 후 엠 아이, 다빈치코드
6) 대안적 사고력 게임	쿠키 박스, 초콜릿 픽스, 러시 아워, 폴드 잇, 로직링크
7) 종합적 사고력 게임	라비린스, 아발론, 쿼리도, 루미큐브

●■▲♥

과수원 까마귀 열매 먹기

(5세 이상, 2~4명)

☑ **전문가의 선택**

> 과수원 까마귀 열매 먹기는 과수원의 과일을 호시탐탐 노리는 까마귀가 열매를 모두 먹어 치우
> 기 전에 플레이어들이 열매들을 수확해야 승리하는 게임이다. 즉, 까마귀 vs. 플레이어 팀 간의
> 협력 게임이다. 이러한 협력 게임은 유난히 승부에 집착하는 경쟁적인 아이나 승부가 나는 게임
> 을 하지 않으려는 아이에게도 도움이 된다. 게임을 통해 기초 수 개념, 색 인지를 알아 갈 수 있을
> 뿐 아니라 알록달록 예쁜 열매들을 가져오는 것으로 열매를 따는 느낌을 간접적으로 경험할 수
> 있고 까마귀 판이 채워질수록 고조되는 긴장감을 느낄 수 있는 놀이적 요소가 매력적이어서 어
> 린 나이의 아이들도 쉽고 재미있게 할 수 있다.

#수학적 사고력 #기초 수 개념 #색 인지 #보드게임 입문 #협력 게임 #하고 나면 친해지는
게임

이미지 출처: 하바24(https://haba24.co.kr).

놀이 방법

게임판에 그려져 있는 나무 그림판에 해당되는 열매들을 배치한다. 플레이어들은 각자 순서에 맞게 주사위를 굴린다. 주사위에는 색깔, 바구니 그림, 까마귀 그림이 있는데, 색깔이 나오면 해당 색깔의 과일을 딸 수 있고, 바구니 그림이 나오면 원하는 과일 2개를 가져올 수 있다. 까마귀 그림이 나오면 까마귀 퍼즐판이 하나 채워진다. 까마귀가 퍼즐을 완성하기 전에 플레이어들이 모든 과일을 다 따게 되면 플레이어 모두가 승자가 된다.

응용 방법

- 안이 비치지 않는 헝겊 주머니나 통에 과일 열매들을 모두 넣는다. 눈으로 보지 않고 손으로만 열매들을 만져 보고 어떤 열매인지 맞혀 본다.
- 한 사람이 다른 사람 모르게 열매 하나를 고른 뒤 그 열매가 무엇인지 나머지 사람들이 질문을 통해 맞혀 가는 간단 스무고개 게임으로 응용해도 재미있다
  (예: 먹으면 새콤한가요? 길쭉한 모양인가요? 빨간색인가요?)

수학적 사고력

전문가의 노하우

수학적 사고력이란

수학적 사고력이란, 일상에서 문제를 이해하고, 분석하고, 문제에 대한 답을 찾아가기 위한 과정, 즉 논리적으로 문제를 해결해 가는 능력을 말한다. 수학적 지식을 쌓기보다 부모와 이야기를 나누며 생각하는 힘을 키우고 생활 속 문제들에 수학적 사고를 활용하도록 촉진하는 것이 중요하다. 수학적 사고력은 거창한 것이 아니라 아이가 자신의 감각이나 사물의 기능에 근거해 세상을 알아 가던 것과는 달리, 새롭게 세상을 보고 느끼는 방법을 경험함으로써 스스로 '아하!' 하는 발견을 하게 만드는 것이다.

취학 전 아동일 경우에는 장난감이나 사물을 분류하고 범주화해 보거나, 어림해 보고 측정해 보면서 비교해 보는 활동(예: 접시 위에 초코볼이 몇 개가 들어갈지 어림해 보고 평가하기, 장난감 무게 측정해 보기, 줄자로 물건 길이 재 보기, 거리나 높이 어림하고 측정해 보기)을 놀이처럼 해 보는 것이 좋다. 이러한 활동을 통해 아이는 공간, 크기, 무게, 거리, 시간 등 수학적 개념을 자연스럽게 체득하고, 이 과정을 통해 막연히 '크다' '작다'로 인식하던 것에서 'A는 몇 cm이고, B는 몇 cm이다. 그래서 B는 A보다 더 크다.'라는 수학적 논리가 생기게 된다. 그래서 B를 만들 때는 A보다 점토가 얼마만큼 더 필요하다는 문제해결력도 갖추게 될 것이다. 좀 더 큰 아이일 경우에는 숫자를 가지고 자유자재로 노는 경험이 중요하다. 가르기와 모으기, 더하거나 빼기, 나누기 등을 구체물을 가지고 직접 조작해 보며 규칙이나 패턴을 발견할 수 있고, '10만들기' '숫자 야구'와 같은 놀이나 보드게임을 통해 수를 여러 가지 패턴으로 다루는 즐거움과 자신감을 경험할 수 있게 된다.

Tip. 수학적 사고력을 키우는 방법

- 아이의 지적 호기심을 반갑게 환영해 준다. 궁금해하는 마음, 알고 싶어 하는 마음을 놓치지 말고 반응해 주자. 아이가 생각을 말하고 질문하는 능동적 학습태도는 수학적 사고력에서 매우 중요하다.
- 주변 현상을 잘 관찰하는 것은 모든 사고력의 출발점이다. 관찰한 것을 이야기 나누고, 아이의 발견을 기뻐하자.
- 아이 스스로 생각할 기회를 박탈하지 말아야 한다. 수학적 사고력은 답을 금방 찾는 것이 아니라 답을 찾아가는 과정에서 키워진다.
- 아이가 가지는 호기심을 확장할 수 있는 질문과 확장된 생각들을 수렴할 수 있는 질문을 한다.

쏙쏙 키재기 벌레

(6세 이상, 2~5명, 10분 내외)

☑ 전문가의 선택

쏙쏙 키재기 벌레는 잔디 언덕에 사는 키재기 벌레들을 쏙쏙 뽑으면서, 색깔과 숫자에 대한 기본 감각을 익힐 수 있는 게임이다. 색깔과 1~6까지 수에 대한 구분이 가능한 아이라면 보드게임에 대한 입문 단계로 추천할 만하다.

어린아이들도 즐겁게 할 수 있는 몇 안 되는 보드게임 중 하나로 수와 색깔에 대한 기본적인 인지개념도 향상할 수 있으니 일석이조이다. 그러나 이 시기의 아이들은 규칙을 정확히 준수하기에 어려움이 있는 나이이므로, 놀이와 게임의 중간 그 어딘가에서 즐겁게 놀이할 것을 권한다.

#수학적 사고력 #수 개념 #색깔인지 #보드게임 입문 #차례 지키기는 어려워

수학적 사고력

이미지 출처: 코리아보드게임즈(https://www.koreaboardgames.com).

 놀이 방법

게임을 하기 위한 준비작업으로, 잔디언덕에 키재기 벌레들을 꼼꼼히 끼워야 한다. 처음에는 어려우나, 몇 번 해 보면 익숙해진다. 색깔로 할 것인지, 숫자로 할 것인지를 정해서 화살표 판을 만든다. 색깔로 하는 경우, 자신의 차례에 화살표를 돌리고 원하는 벌레를 선택하여 해당 색깔이 나올 때까지 잡아당긴다. 만약 그 색깔이 나오기 전에 벌레가 뽑혔다면, 자기 것으로 가지고 올 수 있다. 숫자의 경우도 똑같이 나온 숫자만큼 애벌레를 당기는데, 뽑히면 자기 것이 된다. 가지고 온 애벌레의 길이가 긴 사람이 승리한다.

 응용 방법

애벌레들을 가지고 놀면서 길이의 개념을 익힐 수 있다. 애벌레들끼리 서로 끼울 수 있도록 제작되어 있어 가장 길게 만든 사람, 가장 짧게 만든 사람, 키만큼 만들기 등의 놀이를 할 수 있다.

전문가의 노하우

만 4~5세 아이들은 아직 규칙을 지키는 것이 어려워요!

앞서 기술했듯이, 이 시기의 아이들은 아직 차례를 명확히 지키면서 게임을 진행하거나, 나온 숫자만큼만 빼거나 하는 데 어려움이 있을 수 있다. 인지적으로 규칙을 이해할 수 있지만, 자기중심성이 있는 이 시기의 아이들은 다른 사람과의 형평성을 고려해서 양보하고 자신의 차례를 기다리거나, 지는 것을 참는 데 어려워할 수 있다. 그러므로 꼭 규칙을 지켜 가며 게임을 하기보다는 중간 중간 도구를 가지며 놀이를 하는 것에 더 의미를 두는 것이 좋겠다.

할리갈리

(7세 이상, 2~8명)

☑ 전문가의 선택

할리갈리는 보드게임의 고전 중에 고전, 베스트 중에 베스트이다. 유명한 게임에는 다 그만한 이유가 있는 법이다. 순발력 게임의 진수이자 순간집중력과 몰입력이 최고인 게임으로 그만큼 긴장감도 높다. 또한 기본적인 수 개념과 덧셈에 대한 개념이 필요하므로 수학적 사고력이 필요하다. 할리갈리는 규칙은 간단하지만, 참가자에 따라서 좀 더 쉽게 그리고 좀 더 어렵게 규칙 변형이 가능하므로 어린아이부터 성인까지 함께 할 수 있다는 장점이 있다. 즐겁고 빠르게 즐길 수 있는 게임으로 시각적 초점 주의력과 순발력 향상에 도움을 줄 수 있는 게임으로 추천한다.

#수학적 사고력 #몰입도 · 긴장도 최고 #시각적 초점주의력 #순발력 #주의 전환능력 #규칙 변형가능

수학적 사고력

이미지 출처: 코리아보드게임즈(https://www.koreaboardgames.com).

 놀이 방법

과일카드를 모두 동일하게 나누어 가진 뒤, 첫 번째 플레이어부터 차례가 되면 자신의 카드 더미 중 맨 위에 있는 카드를 뒤집는다. 차례로 돌아가면서 뒤집다가, 같은 과일의 숫자의 합이 5가 되는 순간 가장 먼저 종을 치는 사람이 나와 있는 카드를 모두 가져간다. 카드를 가장 많이 모으는 사람이 승리한다.

 응용 방법

- 이 게임은 응용 방법이 다양하다. 쉬운 방법으로는 숫자와 상관없이 같은 과일의 종류가 나오면 종을 치거나(예: 두 카드가 모두 딸기가 나오면 종치기), 아니면 과일의 종류와 상관없이 같은 숫자가 나오면 종을 치는 방법(예: 두 카드가 모두 과일이 3개면 종치기)으로 시작해 볼 수 있다.

- 이 게임에서 카드를 어느 방향으로 뒤집는가는 상당히 미묘한 논쟁거리이다. 본래의 규칙은 플레이어가 자신의 카드를 뒤집을 때 상대방이 먼저 카드를 볼 수 있도록 바깥방향으로 뒤집어야 한다. 또한 한 손으로는 카드를 뒤집고 한 손으로는 귀를 잡고 있기도 하는데, 귀를 잡고 있는 손으로 종을 쳐야 한다. 카드를 착각해서 손이 귀에서 떨어지는 순간 반칙으로 간주해서 카드를 빼앗기도 한다. 카드를 뒤집은 손으로 종을 치지 않도록 하는 것이 관건! 이러한 규칙을 모두 적용하면 상당히 난이도가 높아지게 된다.

전문가의 노하우

규칙의 변경과 관련하여

이미 본문에서도 언급했던 것처럼, 게임의 규칙을 바꾸는 것에는 상당한 융통성이 필요하다. '규칙은 구성원의 합의에 의해 만들어지고 바뀔 수 있는 것'이란 사실을 반드시 기억하고 있을 것! 규칙을 다양하게 바꿀 수 있는 것 또한 아동의 능력임을 잊지 말아야 한다.

또한 라운드가 바뀔 때마다 규칙을 다르게 해 보면서 아동의 변화에 대한 적응적인 특성을 알아볼 수 있다. 예를 들어, 첫 번째 라운드에서는 '같은 과일찾기 규칙', 두 번째 라운드에서는 '같은 숫자찾기 규칙'으로 하기로 했는데 두 번째 라운드에서도 계속 같은 과일에 종을 친다고 한다면, 아동은 그만큼 변화에 적응하는 것이 어렵거나 집중력이 부족한 것일 수 있다.

● ■ ▲ ♥

아이씨(i sea) 10

(7세 이상, 2~4명)

☑ **전문가의 선택**

아이씨 10은 초등학교 1학년 수학과정인 10의 보수, 즉 더해서 10이 되는 숫자의 짝을 찾는 게임으로 즐거운 게임을 통해 수 개념 습득을 도울 수 있다. 초등학교 입학 전후로 인지적인 학습과정이 시작되는데, 어린 나이일수록 즐거운 분위기에서 인지를 접하는 것이 추후 학습 동기 형성에 중요한 영향을 미칠 수 있다.

학습지를 통해 숫자, 보수의 개념을 익히는 것보다, 즐겁게 게임을 하는 과정에서 10을 만드는 여러 가지 다양한 방법을 생각해 보며 숫자에 익숙해지고, 가르기와 모으기 개념을 익히며 또한 주도적으로 수를 조작하는 경험을 통해 숫자, 보수 개념 등 수 개념에 대한 자신감을 얻을 수 있을 것이다.

#수학적 사고력 #10의 보수 개념 습득 #1학년 수학 #주도적인 수 조작능력

이미지 출처: 에듀카코리아(http://kcb.educa.co.kr).

놀이 방법

숫자카드를 전부 보이지 않도록 뒤집어서 흩트려 놓은 뒤, 자신의 차례가 되면 카드를 1장 뒤집는다. 만일 자신이 뒤집은 숫자카드와 이전에 뒤집어져 있었던 숫자카드 중에서 더해서 10이 되는 조합(예: 4+6, 3+7, 1+1+8 등)을 발견하면 "찾았다!"를 외치고 그 카드를 가져온다. 카드를 많이 모은 사람이 승리하는 게임이다. 만일 상어카드가 나왔다면 모은 카드를 모두 반납한다.

응용 방법

10을 만드는 것이 너무 쉽다면, 20을 만들어 볼 수도 있고, 10세트를 먼저 만드는 사람이 승리하는 게임으로 진행할 수 있다. 더 어려운 규칙은 메모리 게임으로 전환하는 것인데, 뒤집은 카드를 다시 뒤집어 보이지 않도록 원래대로 돌려놓으면 숫자를 기억해야 하므로 훨씬 더 난이도가 높아진다.

수학적 사고력

전문가의 노하우

인지학습과 관련된 보드게임을 할 때는 무조건, 무조건 즐거워야 한다. 자칫하면 아이들이 이것을 놀이로 생각하기보다는 공부의 연장으로 생각할 수 있기 때문이다. 특히 이 게임은 어린 아동들이 참여할 가능성이 높으므로, 처음에는 아이가 자신감을 가질 수 있도록 져 주고, 틀리더라도 함께 아쉬워해 주면서 격려하는 것이 무엇보다 중요하다.

젝스님트

(8세 이상, 2~10명)

☑ **전문가의 선택**

젝스님트는 독일어로 '6 가져가!'라는 뜻으로 "멍청이를 위한 게임은 없다."라는 문구로도 유명한 멘사 셀렉트를 수상한 고전 게임이다. 두 자리 숫자에 대한 개념이 있다면 어린아이들도 참여할 수 있지만, 치열한 눈치작전을 펼치려면 적어도 초등학생 이상이어야 제대로 즐길 수 있다. 생각보다 간단한 규칙이어서, 재미가 없을 것 같더라도 한번 해 보길 강력히 권유한다. 예상외로 엄청난 즐거움을 느낄 수 있을 것이다. 초등학교 이상의 자녀들이 있는 가정이라면 가정용, 혹은 친척들과 함께 왁자지껄 파티 게임으로도 제격이다.

#수학적 사고력 #눈치 게임 #신나는 파티 게임

이미지 출처: 코리아보드게임즈(https://www.koreaboardgames.com).

놀이 방법

　플레이어들은 각각 10장씩 카드를 나눠 갖는다. 남은 카드 중 4장을 바닥에 세로로 펼쳐 놓는다. 게임이 시작되면 플레이어들은 동시에 자신의 카드 중 하나를 골라 펼친다. 가장 낮은 숫자카드를 낸 사람부터 차례대로 바닥에 배치한다. 배치 규칙은 바닥에 이미 놓여져 있는 숫자카드 중 자신의 숫자카드와 가장 가까우면서 그보다는 낮은 숫자카드의 오른쪽에 놓는 것이다. 순서대로 배치하다가, 어느 한 줄에서 여섯 번째에 카드를 내려놓게 되면 그 여섯 번째 카드를 내려놓은 플레이어는 앞에 있는 5장의 카드를 벌칙으로 모두 가져가야 한다. 그리고 그 여섯 번째 카드는 새로운 줄의 첫 번째 카드가 된다. 각자 가진 10장의 카드를 모두 사용하면 게임이 끝나고 벌칙으로 받은 카드의 황소머리 개수가 가장 많은 사람이 지는 게임이다.

수학적 사고력

로보 77

(9세 이상, 2~8명)

☑ 전문가의 선택

로보 77은 초등학교 2학년 수학과정인 두 자리 수의 덧셈과 뺄셈의 학습과정을 익힐 수 있는 게임으로, 매우 인기 있는 고전게임 중 하나이다.

두 자리 수 덧셈과 뺄셈을 게임으로? 아이들이 재미있어할까? 믿을 수 없겠지만 대부분의 아이는 이 게임을 무척 좋아한다. 기본적으로는 덧셈뺄셈에 대한 암산이 필요하지만, 게임적인 요소들이 잘 적용되어 있어 몰입도가 높은 편이다.

이 게임은 머릿속으로 암산을 해야 하기 때문에 일반적인 학습지로 이루어지는 연산학습에서 필요한 능력과 함께 또 다른 능력들이 요구된다. 암산은 머릿속에 2개의 숫자를 먼저 떠올리고, 그것들을 머릿속에서 조작하는 능력을 필요로 한다. 그 과정에 필요한 것이 바로 작업기억력, 청각적주의집중력이다.

#수학적 사고력 #수리적 계산 능력 #작업기억력 #청각적 주의력 #순발력 #예측능력

이미지 출처: 코리아보드게임즈(https://www.koreaboardgames.com).

놀이 방법

　게임을 시작할 때 카드 5장과 라이프 칩 3개를 가진다. 플레이어들은 자신의 차례가 되면 카드를 1장씩 내고 카드 더미에서 1장을 가져온다. 이때 이제까지 낸 숫자의 합에 자신이 낸 숫자의 합을 계산하여 말해야 한다. 말하지 못하면 라이프 칩을 잃는다. 또한 계산을 잘못하거나, 낸 숫자의 합이 11의 배수, 또는 77 이상이 되면 라이프 칩을 잃는다.

　카드 숫자의 합이 77 이상이 되면 그 사람은 라이프 칩을 잃고, 다시 0에서부터 시작한다. 라이프 칩을 모두 잃으면 지게 된다. 특수카드(방향전환, 0카드, −10, ×2)를 적절하게 사용할 수 있다.

응용 방법

- 특수카드를 빼거나, 11의 배수 규칙을 사용하지 않을 수 있다. 혹은, 77이 넘어 누군가가 라이프칩을 잃고 나면, 모든 카드를 다시 섞어서 새로 게임을 시작하면 좀 더 쉽게 게임을 즐길 수 있다.
- 카드를 내면서 숫자의 합을 외치지 않는다. 이때는 속으로만 계산해야 하기 때문에 훨씬 더 복잡하고 어려워진다. 또한 카드를 1장 낼 때마다 다시 1장을 가져가야 하는데, 이 규칙을 엄격하게 적용하면 손에 들고 있는 카드의 숫자가 적어 게임에서 불리하다.

수학적 사고력

폭탄 돌리기

(6세 이상, 2~10명)

☑ **전문가의 선택**

옛날 옛적 TV 쇼프로그램 〈가족오락관〉을 혹시 기억하실는지……. 폭탄 돌리기는 그 프로그램에 나온 게임 포맷을 그대로 보드게임의 형태로 옮겨 놓았다. 매우 단순한 규칙의 게임이지만 째깍째깍 돌아가는 폭탄을 실제로 손에 받아 들면 가슴이 콩닥콩닥 당황하지 않을 수 없다. 폭탄 하나로 아이들과 함께 즐거운 시간을 보낼 수 있다.

#언어적 사고력 #어휘력 #상식 #째깍째깍 떨리는 마음 #긴장완화

이미지 출처: 코리아보드게임즈(https://www.koreaboardgames.com).

 놀이 방법

폭탄 스위치를 켜면서 주제카드 1장을 펼친다. 10장의 주제 카드에는 수영장, 캠핑, 침실 등 다양한 주제어가 쓰여 있는데, 주제와 어울리는 단어를 빨리 말하고 옆사람에게 폭탄을 넘겨야 한다. 폭탄이 터지면 들고 있는 사람이 지고, 진 사람이 주

제카드를 가져간다. 주제카드 10장을 모두 진행하면 게임이 끝나고 적게 가져간 사람이 승리한다.

응용 방법

주제카드가 10장밖에 되지 않으므로, 게임을 몇 번 진행하다 보면 너무 익숙해지거나 지루해지기 마련이다. 그럴 때는 주제카드를 만들어서 사용해 보면 훨씬 더 즐겁게 게임을 할 수 있다.

▶ 전문가의 노하우 ▶

긴장과 불안이 높은 아이들을 위한 Tip

폭탄돌리기 게임은 매우 간단하고 즐거운 게임이지만, 평소에 긴장을 많이 하거나 불안이 높은 아이들은 이 게임을 불편해할 수 있다. 게임은 대체로 약간의 긴장감을 유발하기도 하는데, 특히 순발력 게임을 하는 경우에는 더욱더 시작하기 전에 마음이 간질간질한 동요가 일어나기도 한다.

이 게임은 긴장과 불안을 일으키는 요소가 더 추가되어 있다. 물론 그 매력으로 이 게임을 더 좋아하기도 하지만 말이다. 폭탄돌리기는 순발력 게임이기도 하고, 폭탄에서 들려오는 째깍째깍 시간이 가는 소리, 언제 터질지 몰라 걱정되는 마음, 시간 내에 해야 한다는 압박감, 폭탄을 들고 있을 때 사람들의 시선이 모두 나에게 쏠리는 순간 등을 모두 겪어 내야 한다.

우선, 이 게임을 불편해하거나 거부하는 아이가 있다면 평상시 긴장을 많이 하고 불안이 높은 편인지 점검해 보아야 한다.

폭탄 시계가 째깍째깍 가는 소리에 긴장하는 아이라면(실제 이 폭탄이 터지는 소리보다 시계가 가는 소리가 다소 크고 시끄러워 긴장을 유발하기도 한다. 실제 터질 때의 소리는 생각보다 작아서 임팩트가 크지 않다), 우선은 스피커 쪽에 테이프를 붙여 소리를 줄여 주는 것이 좋다. 아무래도 소리가 줄어들면 다소 안정되기도 한다. 폭탄이 언제 터질지 몰라 두려운 마음에 어쩔 줄 몰라 하거나, 시선이 자신에게 쏠려 떨려할 때는 그 순간에 아이가 침착하고 이완될 수 있도록 돕는 것이 좋다. 긴장되는 마음을 조금이나마 줄일 수 있도록 주변에서 빨리 재촉하기보다는 부드러운 태도로 기다려 주어야 하고, "침착해~ 침착해~." 등의 구호를 같이 외쳐 주는 것도 좋은 방법이다. 호흡을 길게 해서 긴장을 이완하는 방법을 연습해 보는 것도 좋겠다. 게임을 하면서 긴장할 때 이완하는 여러 가지 연습을 통해 스스로 불안을 조절할 수 있다면 학교에서 겪게 될지도 모르는 발표불안이나 시간적 압박을 견디는 능력을 향상시키는 데 조금이나마 도움이 될 것이다.

테마틱

(8세 이상, 2~10명)

☑ **전문가의 선택**

> 두근두근 신나는 '한글초성' 게임이라고 소개된 테마틱은 일반적으로 많이 하는 초성 게임을 보드게임의 형태로 제작한 게임이다. 실제 초성 게임에 몇 가지 규칙을 추가하여 매우 스피드 있게 진행되며 파티 게임으로서도 제격이다. 다만, 단어를 빨리 생각해 내지 못하는 것은 나이 탓일까, 능력 탓일까?

#언어적 사고력 #스피드 초성 게임 #단어인출능력

이미지 출처: 행복한 바오밥(https://www.happybaobab.com).

 **놀이 방법**

우선 바닥에 점수카드 20장을 규칙에 따라 펼쳐 놓는다[1, 2, 3, 4를 다섯 줄로 배열(4×5)]. 초성이 한 글자씩 쓰여 있는 한글카드는 잘 섞은 뒤 5장을 뽑아 1점 점수카드 옆에 1장씩 둔다. 첫 번째 플레이어는 테마카드 1장을 골라 1~8번의 주제어를

하나 선택해서 외친다. 주제어와 연관된 단어 중 바닥에 제시된 한글초성으로 시작되는 단어를 외친다. 먼저 외친 사람은 4점짜리 카드를 가져갈 수 있고, 그다음에 외치면 3점 카드, 그다음은 2점 카드 등 늦게 외칠수록 적은 점수카드를 가져온다. 5개의 초성 중 한 줄의 점수카드를 모두 가져가면 라운드가 종료되며, 점수카드를 합산해서 많은 점수의 사람이 그 라운드의 승자이다.

 응용 방법

저학년의 동생과 함께 하는 경우라면, 무조건 첫 번째 대답은 동생이 먼저 한 뒤 다른 사람이 참여할 수 있도록 배려하면서 게임을 진행하는 것이 좋겠다. 또 다른 방법은 아예 순서를 정해서 순서대로 이야기하는 것도 도움이 된다. 이런 스피드가 필요한 게임의 경우 어쩔 수 없이 동생이 불리해지게 되므로 가족이 모두 함께 하는 경우라면 이런 정도의 양보와 배려가 필요하다.

또한 홈페이지를 통해 빈 테마카드를 다운받을 수 있으므로, 가족들만 아는 다양한 주제어, 나이 어린 동생이 좋아할 만한 주제어를 선택하여 게임을 더 진행할 수도 있다.

전문가의 노하우

언어적 사고력이란

언어적 사고력이란 듣거나 읽은 것을 이해하고, 생각하고, 생각한 것을 말하거나 쓰는 일련의 사고능력을 말한다. 언어적 사고력을 키워 주기 위해서는 아이가 듣거나 읽어야 하는 것에 집중하고, 주의를 유지하여 문장의 개념을 이해하고, 앞뒤 맥락에 맞게 해석할 수 있도록 도와야 한다. 막연히 독서량을 떠올릴지도 모르지만, 책을 많이 읽는 것보다는 아이가 책을 어떻게 이해하고 있는지가 중요하며, 그보다 더욱 중요한 것은 '대화'이다. 눈을 맞추며 따뜻한 분위기에서 하는 일상의 대화는 언어적 사고력을 향상시키는 데 가장 필수적이고 강력한 요소이다.

Tip. 언어적 사고력을 키우는 놀이

- 시장에 가면~~도 있고
- 끝말잇기
- 초성 게임
- 그림이나 사진을 보고 이야기 나누기
- 이야기 만들기 놀이
- 그림 보고 원인, 결과 유추하기, 순서대로 나열하기
- '나는 누구일까요?'(수수께끼) 놀이
- 초등학생 아이들과는 '나는 누구일까요?' 놀이의 확장판으로 '○○가 되어 글 써 보기'를 추천한다(예: 신발의 하루, 우산의 인생). 조망능력과 언어적 사고력, 언어표현능력을 발달시키는 데 매우 효과적이다. 처음에는 부모와 함께 만드는 이야기로 경험해 보도록 한다.

언어적 사고력

블리츠

(10세 이상, 3~6명)

☑ 전문가의 선택

스피드 단어 연상 게임이라고 소개되어 있는 블리츠는 빠르게 관련된 단어를 말하는 일반적인 언어적 게임에 규칙 한 가지를 추가함으로써 이렇게까지 스펙터클하고 왁자지껄한 보드게임으로 변화될 수 있구나를 알려 준 기특한 게임이다. 언어적 사고력과 함께 주의집중력, 순발력, 규칙변화에 대한 빠른 적용능력이 동시에 필요한 다소 어려운 게임이나, 규칙을 단순화하면 좀 더 어린아이들과도 재미있게 할 수 있는 가족 게임으로도 가능하다.

#언어적 사고력 #주의집중능력 #분할주의력(multi-tasking) #순발력 #변형규칙적응능력(인지적 유연성) #왁자지껄 파티게임 #끝나도 끝난 것이 아니다 #중요한 것은 꺾이지 않는 마음

이미지 출처: 행복한 바오밥(https://www.happybaobab.com).

 놀이 방법

두 종류의 카드 더미(보라색, 파란색) 중 한 세트를 정한 뒤, 카드 더미를 가운데에 놓는다. 자신의 차례가 되면 카드를 열어 자기 앞에 내려놓는다(이때 자기 앞에 카드

들을 차곡차곡 쌓아 둔다). 방금 내려놓은 자신의 카드 무늬와 상대방의 카드 무늬가 같을 경우 대결이 시작되는데, 상대편 카드의 주제와 관련된 단어를 먼저 말한 사람이 대결에서 승리하고 상대방의 카드를 1장 가지고 온다. 가지고 온 카드는 따로 보관한다. 상대방의 카드가 제거됨으로써 보이게 된 카드(바로 밑에 있던 카드)의 무늬가 같은 사람이 있다면 또 즉시 대결이 이루어질 수 있으므로 계속해서 긴장을 늦추지 말아야 한다. 와일드카드가 나오면 모든 사람이 잘 볼 수 있도록 가운데에 둔다. 같은 무늬 이외에도 와일드카드에 지정된 무늬가 나올 경우도 대결이 이루어진다. 새로운 와일드카드가 나오면 기존 와일드카드 위에 겹쳐 두며 기존 카드는 효과가 없고, 새로운 카드에 있는 무늬가 효력을 발휘한다. 가운데 카드가 모두 없어지면 게임이 종료되고, 가장 많은 카드를 모은 사람이 승리한다.

 응용 방법

- 10세 이하의 아이들, 혹은 이 게임을 어려워하는 아이들에게는 무늬와 상관없이 카드를 뒤집어 나오는 주제에 대한 단어를 말하도록 하면 가장 쉬운 난이도로 게임을 진행할 수 있다.
- 모든 규칙을 그대로 하되 와일드카드를 제외하고 진행하면 중간 정도의 난이도로 게임을 할 수 있다. 또 다른 방법은 동생과 함께 하는 경우, 혹은 게임이 조금 어렵게 느껴진다면 와일드카드를 제외하고 진행해 보자.

언어적 사고력

● ■ ▲ ♥

알록달록 난쟁이(뷰르펠즈베르그)

(7세 이상, 2~8명)

☑ **전문가의 선택**

알록달록 난쟁이 게임은 3개의 색깔 주사위를 동시에 던져서 나온 색의 조합을 보고, 56장의 귀여운 난쟁이가 그려진 그림 카드 중에서 알맞은 난쟁이를 빨리 찾는 게임이다.

주의집중능력 중에서도 시각적주의력, 순발력뿐 아니라, 자극에 대한 주의를 일정 시간 유지할 수 있는 능력인 지속적 주의력(sustained attention), 작업기억능력 등 아동의 다양한 주의력의 측면을 관찰하고 연습할 수 있는 게임이다. 그러나 게임의 특성상 너무 인지적인 측면에 몰두하면 아이들은 금방 흥미를 잃고 하지 않으려고 할 것이니, 언제나 그렇듯 일단 즐겁게 즐기는 것이 중요하다.

#실행기능향상 #지속주의력 #작업기억력 #시각적주의력

이미지 출처: 루크에듀몰(https://lukedu.com).

 놀이 방법

56장의 그림카드를 가운데 모두 펼쳐 놓고, 3개의 주사위를 던져 나온 색의 조합

을 가진 난쟁이카드를 먼저 찾는 사람이 그 카드를 가져가는 게임으로, 카드를 많이 모은 사람이 이긴다. 각각의 주사위는 6개의 색깔로 구성되어 있으며, 3개의 주사위는 모두 동일하다. 주사위를 던져 나온 3가지 색깔의 옷(모자, 상의, 하의)을 입은 그림카드를 빠르게 찾는 것이다. 규칙이 매우 쉬워 직관적으로 바로 규칙을 이해할 수 있다.

 응용 방법

- 신체 놀이(대근육발달): 그림카드 골라서 같은 동작 표현해 보기
- 색 분류 놀이: 같은 색의 모자, 상의, 하의를 입은 난쟁이카드 분류하기
- 색깔 도미노: 이전 카드의 하의 색깔과 같은 모자 색깔의 난쟁이를 찾아서 이어 가기
- 사물인지: 난쟁이들이 가진 사물들의 이름을 알아보고, 특징을 이야기하기

전문가의 노하우

[아동 특성별 대처 방법]

이 게임을 어려워하는 경우, 아동의 어느 부분에서 능력이 부족한 것인지 구체적으로 자세하게 살펴본 뒤 전략을 소리 내어 말하기(Think Aloud) 방법(☞ 39페이지)으로 가르쳐 줄 수 있다.

주사위를 굴려 나온 세 가지 색깔을 머릿속에 입력(부호화)하기 어려운 경우

이 게임을 잘하기 위해서는 시각적 자극을 청각적 자극으로 부호를 변경해서 입력해야 한다. 예를 들어, 빨강, 파랑, 노랑이 나온 경우, 주사위의 색깔을 시각적으로 본 뒤 카드를 스캔하면서 찾으려면 시각적 자극을 다른 자극으로 부호화해야 한다. 그래야 더 효율적으로 카드를 찾을 수 있다. 시각적 자극을 머릿속에 기억하면서 시각적 자료를 찾는 것 같이,

실행기능 1

같은 종류의 자극을 동시에 사용하는 것은 우리 뇌가 잘할 수 없는 일이기 때문이다. 대체로 우리는 이것을 직관적으로 알게 되는데, 그래서 주사위를 굴리고 난 이후에 우리는 이것을 "빨강, 파랑, 노랑." 이렇게 소리 내어 말하여 자신의 소리를 듣고 청각적으로 자극을 변형하여 입력하게 된다. 그런데 주사위에 나온 색깔을 보기만 할 뿐 다른 종류의 부호로 입력하지 못하거나, 혹은 청각적 부호로 입력했다고 하더라도 '빨강, 파랑, 노랑'이라는 글자 그대로 입력하면 지속적으로 기억을 유지하기가 어렵다. 가장 효율적인 방법은 주사위에 나온 색깔의 앞글자만 따서 '빨파노.' 이렇게 머릿속에 간단하게 입력하는 것이다. 이러한 전략은 대체로 직관적으로 습득이 되나, 그렇지 못한 아이들의 경우에는 전략을 가르쳐 줄 필요가 있다.

3가지 색깔을 입력은 하였으나, 지속적으로 기억을 유지하기 어려운 경우

아동이 분명히 자극을 기억하기 쉽게 '빨파노'라고 입력하였음에도 불구하고, 카드를 찾는 과정에서 이를 지속적으로 머릿속으로 기억하지 못한 채, 자꾸만 주사위를 다시 확인하는 경우가 있다. 이럴 경우에는 크게 소리 내어 "빨파노, 빨파노 빨파노." 이렇게 반복해서 기억이 오래 지속될 수 있도록 하는 전략을 보여 주어, 아동이 조금씩 더 길게 기억을 유지할 수 있도록 돕는다. 또한 주사위를 던지고 머릿속에 입력한 뒤에 상자로 주사위를 가리는 방법을 사용하면 기억을 유지하는 데 도움이 된다.

입력하고, 기억을 유지하나, 시각적 주의집중력이 부족한 경우

기억에 대한 부호화, 유지에는 어려움이 없지만, 56장의 카드 중 주사위 색에 해당되는 카드를 찾는 과정을 어려워하는 아동의 경우는 시각적 자극에 대한 주의력이 부족한 것이다. 이럴 경우에는 카드를 무작정 찾는 것보다 한 가지의 색깔을 정해서 먼저 그 카드를 찾은 뒤에 나머지 색깔들이 있는지를 보면 더 빠르게 도움이 된다. 또한 모든 카드를 한꺼번에 보거나 여기저기 보다 보면 찾기 힘들기 때문에, 왼쪽에서 오른쪽, 위에서 아래 등 특정한 방향을 정해서 체계적으로 앞에 놓인 카드를 탐색할 수 있도록 돕는다. 예를 들면, "난 일단 빨강 색이 있는 카드를 먼저 찾을 거야." "여기서부터 이쪽 방향으로(왼쪽 → 오른쪽) 찾아야지."라고 이야기하면서 전략을 알려 줄 수 있다.

치치&부기

(7세 이상, 2~8명)

☑ **전문가의 선택**

알록달록 난쟁이 게임과 유사한 국내에서 개발된 치료 목적의 보드게임이 있다. 바로 이 '치치&부기' 게임이다. 알록달록 난쟁이 게임보다 한 단계 더 업그레이드되어, 3가지의 색깔 주사위뿐만 아니라, 의복의 종류를 구분할 수 있는 주사위가 추가되어 있어 더 다양한 난이도와 규칙으로 게임을 즐길 수 있다. 작업기억, 주의집중력은 물론 비경쟁 게임으로도 즐겁게 진행할 수 있다.

#실행기능향상 #지속주의력 #작업기억력 #시각적주의력 #업그레이드 요정찾기

이미지 출처: 와이즈박스몰(https://www.wisebox.kr).

실행기능 1

 **놀이 방법**

56장의 그림카드를 가운데 모두 펼쳐 놓고, 3개의 주사위를 던져 나온 색의 조합을 가진 고슴도치, 혹은 거북이 카드를 먼저 찾는 사람이 그 카드를 가져가는 게임으로, 앞면 그림인 고슴도치 '치치'와 뒷면 그림인 거북이 '부기' 그림으로도 가능하다.

 응용 놀이

　치치&부기 게임의 가장 큰 장점은 치료용 게임으로 개발된 만큼 매우 다양한 게임 규칙으로 진행하면서 난이도를 조절할 수 있다는 것이다. 색 주사위 1개와 의복 주사위 1개의 조합으로, 예를 들어 빨간 바지 입은 치치 찾기의 형태나, 색 주사위 2개만 굴려 2개의 색깔만 맞으면 찾을 수 있는 쉬운 규칙도 적용할 수 있다. 또한 주사위를 굴리지 않고 색깔을 소리 내어 이야기하는 것으로 규칙을 바꾸면 시각주의력이 아닌 청각주의력의 형태로도 변화시킬 수 있으니 아이의 연령, 상황에 따라 다양하게 규칙을 바꿔서 진행해 보자.

파파베어

(8세 이상, 2~5명)

☑ **전문가의 선택**

파파베어는 원래 5세 이상이라고 되어 있으나, 실제로는 좀 더 큰 아이들에게 적합해 보인다. 즐겁게 놀이하면서 두뇌도 훈련할 수 있다면 그야말로 일석이조! 꿩 먹고 알 먹고! 단순한 게임 규칙이지만 집중력, 작업기억능력 등 고차원적인 실행기능을 동원해야 하는 게임이기 때문에 이러한 게임들에 익숙해지면 나중에 전략 게임에도 능숙해질 수 있다.

#실행기능향상 #작업기억력 #집중력 #순발력 #즐거움

이미지 출처: 빅토샵(http://www.bigtomall.com/shop).

실행기능 1

 놀이 방법

각각 다른 옷 색깔의 옷을 입은 열두 마리의 곰카드를 원형으로 늘어놓고(곰카드에도 숫자가 1~12까지 쓰여 있음), 가운데는 숫자카드 더미를 놓는다(숫자카드에는

1~12까지 숫자가 적혀 있고, 뒷면에는 서로 색을 바꿔야 하는 옷 종류가 그려져 있음). 게임이 시작되면, 숫자카드 맨 위에 있는 숫자가 쓰인 곰을 찾고, 숫자카드를 뒤집어서 색을 바꾸어야 하는 옷을 확인한다. 바뀐 색을 입고 있는 곰카드를 먼저 찾는 사람이 그 카드를 가져오며, 카드를 많이 모은 사람이 승리한다.

전문가의 노하우

실행기능(executive functions)이란

최선의 문제해결을 위해 어떤 전략을 언제, 어디서, 어떻게 적용할 것인지를 알고 적용하는 기능으로, 쉽게 말하자면 인간을 인간답게 만드는 고차원적인 인지기능을 말한다. 예를 들어, 시험공부를 할 때 예정에 맞춰서 공부 스케줄을 짤 수 있는 계획능력, 하고 싶은 것을 참고 공부를 할 수 있는 반응억제능력, 복잡한 2가지 이상의 사고를 같이 할 수 있는 작업기억능력, 집중력, 주의전환능력, 과제개시능력 등과 문제해결 과정에서 자신이 현재 어느 위치에 있는지를 알고 적절히 조절하는 자기점검(self monitoring)능력과 자신의 행동을 계획하고 진행하고 평가하는 자기조절(self regulation)능력을 포함하는 매우 포괄적인 개념이다.

말하자면, 점점 더 복잡하고 고차원적인 사고와 문제해결에 필요한 능력이라고 볼 수 있다. 당연히 이러한 능력이 잘 발달된 아이들은 학년이 올라갈수록 학업능력도 좋을 가능성이 높고, 다양하고 창의적인 문제해결능력을 가지게 될 가능성이 높다.

보드게임 중에서도 이러한 실행기능을 향상시키는 데 도움이 될 만한 게임들이 있다. 그렇지만 이러한 게임들의 한계는 인지적 기능에만 초점을 맞출 경우 '즐거움'이 없어지게 되어, 아이들의 관심이 쉽게 사라지는 것이다. 따라서 아이들과 이런 종류의 게임을 할 때는 잔소리를 더욱 줄이고, 아이가 이길 수 있도록 도우며, 되도록 즐겁게 즐기는 것이 중요하다.

보드게임뿐 아니라, 우리 아이들과 쉽게 할 수 있는 놀이들, 지는 가위바위보 게임, 거꾸로 말하기 쿵쿵따 게임, 말로 하는 숫자와 손가락 개수를 다르게 하는 게임 등 굳이 돈을 주고 사지 않는 여러 게임놀이도 실행기능 향상에 도움이 될 수 있다.

강아지 야옹

(8세 이상, 2~5명)

☑ **전문가의 선택**

강아지 야옹 역시 실행기능 향상에 도움을 줄 수 있는 게임이다. 마치 청개구리처럼 '모든 것을 반대로 생각해야 하는 반대로 게임'이라는 설명처럼 거꾸로 생각해야 이길 수 있다.

파파베어가 2가지 종류의 옷만 바꾸는 것이라면, 강아지 야옹은 왼쪽/오른쪽, 위/아래, 사물이름, 소리까지 모두를 반대로 해야 하는 게임으로, 난이도가 한 단계 더 높다. 한순간이라도 집중력이 떨어지면 정답을 놓칠 수 있으니 부지런히 머릿속에서 뒤집어 보자!

#실행기능 향상 #반응억제능력 #거꾸로거꾸로 #집중력은 필수

이미지 출처: 에듀카코리아(http://kcb.educa.co.kr).

 **놀이 방법**

바닥에 그림카드 12장(반대관계로 짝지어진 6쌍)중 4장을 마주 보게 펼쳐 놓은 뒤, 32장의 지시카드(왼쪽/오른쪽, 소리/이름 중 1가지가 쓰인) 더미를 놓는다. 지시카드

1장을 펼친 뒤, 우선 지시카드에 쓰여 있는 방향과 반대 방향에 놓인 카드를 찾는다 (예: 왼쪽이라고 써 있으면 오른쪽에 있는 카드, 위라고 써 있으면 아래에 있는 카드). 지시 카드 아래쪽에 이름이라고 쓰여 있는 경우 그림카드의 소리를 내야 하고, 소리라고 쓰인 경우는 그림카드의 이름을 이야기해야 한다. 또한 해당 그림카드와 반대로 짝 지어진 카드의 이름을 이야기해야 승리하는 게임이다.

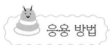

응용 방법

- 반대관계로 짝 지어진 사물까지 고려하려면 훨씬 더 많은 노력이 필요하다. 그럴 때는 참고카드를 이용하거나, 혹은 반대관계에 대한 규칙을 없애고, 마지막 카드의 이름이나 소리를 이야기하는 것으로 정답규칙을 바꿀 수 있다.
- 이 게임의 확장 방법은 빨간색 카드 더미와 파란색 카드 더미를 동시에 사용하는 것이다. 4장의 그림카드를 사용하는 것에서 확장하여, 총 8장의 카드를 사용하며, 반대로 생각해야 하는 과정이 한 번 더 추가되므로 연령이 높은 경우 확장규칙을 적용해 볼 수 있다.

왼쪽 오른쪽

(8세 이상, 2~5명)

☑ 전문가의 선택

왼쪽 오른쪽은 그림카드에 그려진 경찰관의 입장이 되어 좌우 방향을 계산하는 방향 감각과 타인 조망능력 및 제시되어 있는 그림 중 알맞은 그림을 찾기 위해 집중력을 필요로 하는 게임이다. 단순히 좌우 방향감각에 그치지 않고 앞뒤, 좌우의 개념을 동시에 처리하는 능력이 길러질 수 있다. 방향이나 도형의 회전 등을 어려워하는 아이들이 있다면 이 게임을 적극 활용해 볼 것을 추천한다.

#실행기능향상 #방향감각 #타인조망능력 #집중력 #순발력 #정신운동처리

이미지 출처: 에듀카코리아(http://kcb.educa.co.kr).

실행기능 1

 놀이 방법

　7장의 교통경찰 그림카드를 동그랗게 둘러놓는다. 항상 경찰의 발은 원의 중심을 향하게 내려놓는다. 방향카드는 잘 섞어 그림이 보이지 않게 경찰카드들의 중심에 놓는다. 게임의 순서를 정한 후 첫 번째 플레이어가 방향카드 더미 제일 위 장을 모든 사람이 볼 수 있게 보여 준다. 카드에는 심볼과 3가지 방향 지시어가 쓰여 있다. 카드의 심볼이 그려진 경찰을 기준으로 방향 지시어를 눈으로 따라가면서 어떤 경찰카드에 도착하는지 생각한다. 방향카드에 어떤 그림이 그려져 있는지 말한 후 각자 눈으로 목표카드가 무엇인지 찾아야 한다. 가장 먼저 목표카드를 외치는 사람이 방향카드를 가지고 간다. 외친 단어가 틀렸을 경우에는 이번 판을 한 번 쉬고 카드를 1장 내놓아야 한다. 이렇게 해서 방향카드 6장을 가장 먼저 모으는 사람이 승자가 된다.

 응용 방법

● 2차원인 평면카드에서 공간과 위치에 대한 개념을 파악하는 것이 어려운 아이들에게는 게임하기 전에 레고 피규어나 인형으로 사진 찍어 주기 놀이를 하면 도움이 된다. 피규어나 인형을 세워 놓고 앞, 뒤, 오른쪽, 왼쪽, 위, 아래, 옆 등을 사진을 찍으며 놀이하는 자체로 다양한 위치에서의 조망을 자연스럽고 재미있게 배울 수 있다.

● 아이가 RC카가 되어 엄마가 방향을 조종(지시)하는 대로 수행하는 놀이도 재미있다. 역할을 바꾸어 아동이 조종하고, 엄마가 RC카가 되어 보자.

고고 젤라또

(7세 이상, 2~4명)

☑ 전문가의 선택

"주문이 들어왔습니다!" 고고젤라또는 주문카드 그림에 있는 젤라또 아이스크림을 남들보다 정확하고 빠르게 완성하는 게임이다. 단, 젤라또는 손으로 만질 수 없고, 컵으로만 이동해야 하므로, 소근육협응능력과 집중력이 필요하다. "이게 뭐가 어려워?"라고 생각하신다면 직접 해 보시길! 또한 어떤 젤라또를 먼저 움직여야 하는지 고민해야 하므로 순차적인 개념과 함께 기본적인 문제해결능력이 반드시 필요하다.

인지적인 문제해결능력과 신체적인 조작 및 조절 능력이 동시에 향상될 수 있으며, 아이들이 매우 즐거워하는 보드게임으로 강력 추천한다.

#실행기능 #통합적조작능력 #움직임균형감각 #소근육협응능력 #문제해결능력 #순차적 처리능력 #몰입도 최강 #아이들이 좋아하는 보드게임

이미지 출처: 행복한 바오밥(https://www.happybaobab.com).

 놀이 방법

　　플레이어들은 각각 노란컵+노란 젤라또, 빨간컵+빨간 젤라또, 초록컵+초록 젤라또, 파란컵을 나누어 가진다. 단, 파란 젤라또는 없는데, 게임을 하다 보면, 왜 없는지 이해할 수 있다. 규칙은 단순하다. 젤라또 주문카드를 가운데 모아 놓은 뒤, 1장씩 뒤집어 확인하고, 카드의 모양대로 똑같이 빠르게 완성하는 카드를 가져가고 카드를 많이 모은 사람이 승리한다. 1장의 카드를 완성한 상태에서, 젤라또를 정리하지 않은 채로 바로 다음 카드를 뒤집는다. 단, 젤라또는 손으로 만질 수 없고, 컵과 컵으로만 이동하며, 바닥에 떨어질 경우에도 손으로 잡지 않고 컵을 이용해서 잡아야 한다.

 응용 방법

- 연령이 어린 아이들을 위해 손으로 젤라또를 만질 수 있도록 규칙을 바꾸면 훨씬 수월하다.
- 플레이어들이 모두 동그랗게 둘러앉아 옆 사람에게 젤라또를 이동하는 놀이로 변형할 수 있다. 정해진 시간 내에 몇 개의 아이스크림을 완성할 수 있는지 미션을 수행하는 협동놀이로 수행 가능하다.

[아동 특성별 대처 방법]

"젤라또를 자꾸 떨어뜨리거나, 떨어진 젤라또를 잡기 어려워해요!"

이럴 경우 소근육 협응능력 발달을 도울 필요가 있다. 게임을 시작하기 전에 한 컵에서 다른 컵으로 젤라또를 이동하거나, 2개의 컵으로 젤라또를 잡는 연습을 충분히 하는 것이 좋다. 우선 게임의 규칙을 그대로 적용하기보다는 어른과 함께 주고받는 연습, 협동규칙으로 함께 미션을 수행하는 것을 권유한다.

"미션 그림과 다르게 완성해요!"

아동이 빠르게 수행하기는 하는데, 자꾸 그림과 다르게 완성한다면 시각적 주의력이 부족하거나 충동적일 가능성이 있다. 이럴 경우, 빠르게 하는 것보다 정확하게 하는 것이 중요하다는 것을 상기시키고, 다했다고 외치기 전에 다시 한 번 카드와 대조해 보도록 유도하는 것이 좋다. 틀렸다고 면박을 주거나 혼내기보다는 "어! 카드랑 같은가?" "다했는데, 틀린 데 없는지 살펴봐야지!"와 같은 혼잣말로 전략을 노출하는 'Think Aloud' 기법을 활용하면 좋다.

"카드를 보고 어떻게 해야 할지, 어떤 순서로 해야 할지 방법을 모르는 것 같아요."

제시된 카드와 똑같이 젤라또를 빠르게 만들기 위해서는 순차적 문제해결능력이 필요하다. 즉, 어떤 젤라또를 어떻게 먼저 움직이고, 그다음 어떤 순서대로 움직여야 할지에 대한 개념이 있어야 빠르게 만들 수 있다. 순차적 문제해결능력이 부족한 아이들은 카드를 보고 어떻게 해야 할지 망설이거나, 아니면 시행착오를 반복할 뿐 정확하게 만들어 내는 데 많은 시간이 소요된다. 이런 경우, 아동에게 이 게임이 무작위로 해서 만드는 것이 아니라, 나름대로 순서가 필요하다는 개념을 알려 줄 필요가 있다. "아, 이것부터 먼저 해야 하는구나. 그다음에 파란색으로 옮기고, 그다음에 노란색으로 옮겨야겠다! 순서대로 해야 되겠네!"라고 말하며 순차적인 개념을 알려 주자. 처음부터 아동과 1:1로 게임을 하기보다는 아동과 부모가 한 팀이 되고, 다른 어른이 상대팀이 되어서 협력게임으로 시작한다면, 전략을 알려 주기가 보다 쉽다. 순차적인 문제해결능력은 그야말로 순차적으로 천천히 반복해서 연습해야 향상된다.

실행기능 2

닥터 유레카

(7세 이상, 2~4명)

☑ **전문가의 선택**

닥터 유레카는 게임의 규칙은 단순해 보이지만 구슬 배치를 이동시키기 위해서 몇 차례에 걸친 사고과정을 거쳐야 하는 두뇌게임이다. 알록달록 색깔 구슬을 조합하는 과정에서 순서(sequence)의 개념을 적용해야 하며 구슬을 시험관에서 시험관으로 옮기는 동안 눈과 손의 협응능력과 집중력도 길러진다. 구슬의 배치를 유추할 때 시험관을 뒤집어서도 사용할 수 있다는 점을 활용할 수 있어야 하기 때문에 복합적 사고능력이 있어야 한다.

#실행기능 #통합적 조작능력 #소근육협응 #즐거움 #집중력 #복합적 문제해결능력

이미지 출처: 행복한 바오밥(https://www.happybaobab.com).

 **놀이 방법**

각자 시험관 3개와 3가지의 색깔구슬을 각각 2개씩 가져와 각각의 시험관에 같은 색깔끼리 나누어 담아 놓는다. 게임이 시작되면 제시된 실험카드의 구슬 배치를 확

인한 후 자신의 시험관에 있는 구슬을 이리저리 옮기며 실험카드의 구슬 배치와 일치하게 만든다. 정답이라고 생각되면 "유레카!"라고 외치고 실험카드를 가져온다. 실험카드 1장당 1점이며, 5점을 먼저 획득하는 사람이 이긴다.

응용 방법

구성원이 시험관을 하나씩 나눠 갖고 릴레이로 이어서 구슬을 전달받는 놀이로 활용할 수 있다. 중간에 떨어뜨리지 않고 마지막 사람의 시험관까지 도착하는 시간을 정해 놓어 그 안에 성공하는 것을 목표로 하는 게임으로도 즐겁게 놀이할 수 있다.

전문가의 노하우

실행기능과 실행(executive functions & praxis)

―인지과정과 신체조절의 통합적 능력―

앞선 챕터(실행기능 1)에서 실행기능의 개념과 함께 관련된 보드게임을 소개하였는데, 이번 챕터의 제목 역시 '실행기능 2'이다.

실행기능 1에서 소개한 보드게임은 주로 반응억제, 작업기억능력과 관련된 보드게임들이라면, 실행기능 2인 이 챕터에서는 실행기능 중에서도 문제해결능력과 함께 소근육조작능력이 함께 필요한 게임들을 소개하였다.

인간이 어떤 목적―지향적인(goal-directed) 행동을 하기 위해서는 여러 인지적인 과정을 거쳐야 하며, 인지적 과정을 실제 행동으로도 잘 옮겨야 한다. 인지적 조절과정(실행기능, executive functions)과 신체적인 조절과정(실행, praxis)이 잘 통합되어야 우리는 비로소 실제 생활에서 잘 기능할 수 있다.

고고 젤라또, 닥터 유레카, 뒤죽박죽 서커스류의 보드게임들은 모두 이 두 종류의 실행능력이 필요한 보드게임으로 인지와 신체조절을 통합적으로 잘 조절해 나가는 것을 연습시켜 줄 수 있는 그야말로 유능한 보드게임들이다. 최근 여러 영역 간 발달이 불균형한 아

실행기능 2

동들이 많아지고 있는 추세이다. 인지적으로는 유능하나 신체조절능력이 지연되거나, 신체적 능력은 우세하나 문제해결능력이 다소 부족한 경우도 그렇다.

똑똑하고 즐거운 보드게임을 통해 아이들의 통합적인 조절능력을 키워 보자.

뒤죽박죽 서커스

(8세 이상, 2~4명)

☑ **전문가의 선택**

뒤죽박죽 서커스는 주어진 카드 그림과 똑같이 만들기 위해 캐릭터 블록들을 무대 위에 쌓고 이동해야 하는 게임이다. 캐릭터들의 위치를 바꿀 때 블록이 쓰러지지 않도록 조심해야 하고 무대와 무대를 넘나들며 완성해야 하기 때문에 마치 서커스 공연을 하는 듯한 스릴과 성취감을 느낄 수 있다. 앞서 제시한 고고 젤라또, 닥터 유레카 게임과 유사하게 이 게임을 잘하기 위해서는 주의를 집중해서 관찰하고, 멈추어 생각하고, 결정한 후 검토하는 능력과 함께 머릿속에서 위치와 공간을 이동해 카드에 적합한 배열로 구성해야 하는 종합적인 인지능력이 필요하다. 또한 묵직한 나무 블록을 쓰러지지 않게 균형을 유지하여 이동시키는 소근육협응능력이 요구된다. 귀여운 일러스트의 캐릭터들이 아이들에게 매력적으로 느껴지고, 아슬아슬하면서도 뿌듯함을 느끼게 해 주는, 함께 격려하고 함께 아쉬워하며 즐거움을 공유할 수 있는 즐거운 가족 게임으로 추천한다.

#실행기능 #통합적 조작능력 #소근육협응능력 #공간균형통합능력 #집중력 #문제해결력
#즐거움

실행기능 2

이미지 출처: 코리아보드게임즈(https://www.koreaboardgames.com).

 놀이 방법

플레이어들은 카드를 잘 섞은 후, 각자 카드를 4장씩 나눠 갖고, 무대 3개는 서로 적당히 떨어뜨려 놓는다. 카드에는 캐릭터가 세 곳의 무대 중 어디에 있어야 하는지, 어떤 순서로 쌓여 있어야 하는지, 혹은 몇 층에 있어야 하는지가 표시되어 있다.

플레이어들은 들고 있는 카드 중에서 최소한의 움직임으로 조건을 달성할 수 있는 카드를 찾아야 한다. 자기 차례에는 무대 밖의 캐릭터 하나를 원하는 무대 맨 위에 올려놓거나, 무대에 놓인 캐릭터 중 하나를 골라 그 위에 쌓인 캐릭터까지 통째로 다른 무대 맨 위로 옮겨야 한다. 이때 캐릭터 1개에만 손이 닿을 수 있다. 캐릭터가 이동한 결과 손에 있는 카드 중 조건이 완성된 카드가 생겼다면, "찰칵!"이라고 외치고 해당 카드를 내려놓는다. 카드를 내려놓고 나면 내려놓은 만큼 더미에서 새로 카드를 가져와 손에 보충한다.

캐릭터를 움직이다가 탑을 무너뜨리거나 옮기던 캐릭터들을 떨어뜨리면, 내려놓은 카드 1장을 카드 더미 맨 밑에 버리고, 떨어진 캐릭터와 옮기던 캐릭터 모두 무대 옆에 놓아야 한다. 카드 7장을 먼저 내려놓은 사람이 승리한다.

전문가의 노하우

[아동 특성별 대처 방법]

"나무 블록이 자꾸 넘어져서 짜증을 내거나 포기해요."

마음은 잘하고 싶고, 얼른 해서 이기고 싶은데 조급하고 떨리고…… 게다가 도구를 다루는 능력까지 서툴면 짜증이 나는 게 당연하다. 이런 일이 반복되다 보면 자신감도 없어지고 아예 게임을 하지 않으려는 모습도 보일 수 있다. 그럴 땐 누구나 그럴 수 있다는 것을 알려 주며 먼저 그 마음을 공감해 주자. 그리고 많이 하다 보면 잘하게 된다는 것도 알려 주자.

- 어떤 게임이든 자녀의 발달연령에 적합한지를 체크해 봐야 한다. 어려워서 못 하는 것 같으면 좀 더 쉬운 수준의 보드게임을 경험하게 하자. 그래서 어렵지 않게 재미를 느낄 수 있어야 한다. 그 경험들이 쌓여야 그보다 어려운 단계의 보드게임에 도전하는 기쁨도 누릴 수 있게 된다.

- 게임을 해 보기 전에 충분히 게임 구성물들을 가지고 놀이하는 시간이 필요하다. 게임 방법에 신경 쓰지 말고, 그냥 가지고 놀 수 있게 하는 것이다. 나무 블록을 세워서 쌓는 게 어려우면 눕혀서도 쌓아 보고 하면서 말이다. 나무 블록의 캐릭터들이 등장하는 이야기들을 만들어 보는 것도 은근히 재미있는 놀이가 된다.

- 게임을 처음 할 때에 개인전으로 하지 말고, 팀 전으로 시작해 보는 것을 추천한다. 가족 중 1명이 아이와 팀이 되어 아이 혼자 감당하기 버거운 긴장감과 부담감도 나눠 갖고 게임하는 방법을 아이가 보고 배울 수 있게 환경을 조성해 주는 것이다.

- 상대편이 잘 맞추지 못했을 경우 어떻게 기분 나쁘지 않으면서도 재미있게 표현하면 좋을지 함께 이야기 나눠 보자(예: "아차차!" "이런, 이런." "아이고, 아쉽습니다." "다음 기회에!").

- 블록을 구성하고 이동시킬 때 긴장되는 마음을 함께 다루어 줄 구호를 만들어 보자 ("예: 침착해!" "천천히!" "괜찮아!").

실행기능 2

게스 후

(7세 이상, 2명)

☑ **전문가의 선택**

게스 후는 스무고개 게임의 일종으로 상대방이 정한 범인을 질문을 통해서 찾아내는 추론게임이다. 말로만 하는 스무고개보다 그림이 그려져 있고, 창을 닫으면서 진행하므로 아이들에게 흥미를 이끌면서도 인지적인 추론능력을 향상하는 데 도움이 될 수 있다. 게스 후 게임은 상담실에서도 많이 사용하는 전통적인 게임 중 하나로 아동의 기본적인 언어능력, 분류능력, 추론능력 향상에 도움이 필요하다면 강력하게 추천한다.

#추론적 사고력 #인지적 조작 #범주화, 분류능력 #공통점과 차이점 #조망수용능력

이미지 출처: 예스24(https://www.yes24.com).

 놀이 방법

상대방과 둘이 마주 앉아서, 상대방 모르게 범인을 설정한 뒤 모든 인물이 보이도록 창을 연 상태에서 시작한다. 스무고개 방식으로 번갈아 가면서 서로에게 질문

을 하는데, 이때 '네/아니요'로 대답할 수 있는 질문만을 한다. 질문에 대한 대답을 듣고, 범인이 아니라고 확신이 드는 창을 닫아 가면서 최종적으로 남아 있는 범인을 먼저 추론하는 사람이 승리한다.

응용 방법

- 홈페이지에서 다양한 게임판을 다운받으면 인물, 동물, 외계인, 사물 등으로 판을 교체해서 여러 가지 버전으로 사용이 가능하다.
- 2명이 동시에 범인을 추론해서 진행하는 것이 어려우면, 한 사람은 문제만 내고 상대방이 맞히는 방식으로 진행할 수도 있다.

전문가의 노하우

[아동 특성별 대처 방법]

"질문하는 것을 어려워해요."

　범인을 찾기 위해서는 스무고개 질문을 잘 만들어 내는 것이 중요하다. 그림에 있는 사람 혹은 동물들의 공통점과 차이점을 발견하고, 그것과 관련하여 '예/아니요'로 대답할 수 있는 질문을 만들어야 하는데, 그러려면 언어적인 개념형성 능력이 필수적이다. 이런 질문을 만들어 내는 것을 어려워한다면, 함께 하는 성인이 질문을 만들어 내는 과정을 'Think Aloud' 기법을 통해 이야기해 주면 좋다.

　예를 들어, "어, 그림에 남자와 여자가 있네, 그럼 남자인지 여자인지 질문해 봐야겠다." 혹은 "음…… 남아 있는 사람들을 보니 모자를 쓴 사람도 있고, 안 쓴 사람도 있네. 그럼 모자를 썼는지 물어봐야겠다."처럼, 남아 있는 사람들의 특징과 그들의 공통점과 차이점을 발견해서 질문할 수 있도록 도울 수 있다.

추론적 사고력

"질문에 대답을 듣고 엉뚱한 사람을 제외시켜요(창을 반대로 닫음)."

상대방의 대답에 따라, 내가 가진 그림판에서 범인이 아닌 사람을 제외시켜야 하는데(범인에서 제외된 사람들의 창을 닫아야 함), 간혹 이 부분을 헷갈려 하는 아이들이 있다.

예를 들어, "범인이 남자입니까?"라는 질문에, 상대방이 "아니요."라고 대답하면, 판에서 남자 그림이 있는 창문을 닫아서 제외시켜야 한다(범인은 남자가 아니고 여자이므로 여자만 남겨 놓아야 함). 그런데 어린 아동의 경우에는 이 과정을 헷갈려 해서 반대로 하는 경우가 있으므로 주의 깊게 아동의 행동을 살피고 잘못하고 있다고 판단되는 경우에는, 큰 소리로 "그렇다면 범인은 남자가 아니니까 남자를 닫아야겠어!"라고 말하며 힌트를 주어야 한다. 천천히 생각하는 과정을 통해 추론하고 순서대로 문제를 해결하는 과정을 모델링을 통해 연습시켜야 한다.

반면, 충동적인 성향이 있는 아동의 경우에도 이해는 하지만, 행동으로 빠르게 반응하다 보니 종종 오류를 보이기도 한다. 잠깐 멈춰서 "그렇다면 누구를 닫아야 하지?"라는 질문을 상기시켜서 천천히 생각할 수 있도록 도와주는 것이 좋다.

※ 게스 후 게임은 자칫하면 아이들이 재미없다고 하지 않으려 할 가능성이 있으므로 초반에는 전략을 큰 소리로 노출하고, 힌트를 주며, 승부를 조절해서 아동이 이기는 경험을 통해 재미를 느끼고 반복할 수 있게 하는 것이 좋다.

보석찾기 듀얼

(7세 이상, 2명)

☑ 전문가의 선택

보석찾기 듀얼은 제목 그대로 빨간 구슬보석을 먼저 찾기 위한 추리 두뇌게임이다. 삽으로 톡톡 벽을 밀어 구슬을 떨어뜨리고 또르르 굴러 나온 구슬을 가져오는 방식은 어린 연령의 아이들에게 흥미를 끌 만한 요소이다. 어린 연령의 아이들에게는 처음에 규칙을 이해하는 것이 다소 어려울 수 있고 다른 구슬들이 떨어지지 않도록 주의해야 한다. 그렇지만 몇 번 연습을 통해 규칙을 습득하고 나면 즐겁게 게임을 할 수 있다. 방금 벽을 밀어 넣고도 어느 칸을 밀었는지 기억을 못하는 것은 기억력과 집중력의 어려움이기도 하다. 본격적으로 초등학생 이상의 아이들에게 흥미롭게 사고력을 향상시킬 수 있는 즐거운 게임이다.

#추론적 사고력 #집중력 #논리적 사고력 #기억력

이미지 출처: 코리아보드게임즈(https://www.koreaboardgames.com).

추론적 사고력

 놀이 방법

보물벽 가림판이 끼워진 본체를 먼저 조립한다. 각자 준비카드 20장 중 1장을 골라 보물벽에 보석들을 똑같이 세팅한다(노란색 보석의 상하좌우 4칸 중 한 곳에는 반드시 빨간색 보석이 1개 있고, 보라색 보석의 상하좌우 4칸 중 2곳에는 빨간색 보석이 반드시 있다). 자신의 차례가 되면 삽으로 벽 한 곳을 민다. 상대편의 보석 중 하나가 아래쪽으로 또르륵 굴러 떨어지면, 이것을 가져와서 기록판에 올려놓고 빨간색 보석의 위치를 추리한다. 상대방의 빨간색 보석 5개를 먼저 얻은 사람이 승리한다.

 응용 방법

보석을 세팅하는 준비카드를 보지 않고 스스로 규칙에 맞게 보석들을 배열할 수 있다. 규칙에 맞게 배열하기가 생각보다 쉽지 않다. 더 어려운 규칙은 기록판을 쓰지 않는 것이다. 기록판을 쓰지 않게 되면 밀었던 벽의 위치와 색깔을 정확하게 기억하고 있어야 하므로 기억력 게임과 더불어 난이도가 급격하게 상승하게 된다.

> ### 전문가의 노하우

추론적 사고력이란

추론적 사고력이란 이미 알고 있는 지식과 정보를 분석해 모르는 문제의 답을 추론하는 능력이다. 먼저 추론이라는 과정을 수행하기 위해서는 감각 시스템을 통해 받은 정보를 잘 처리해서 장기 기억에 저장해 두어야 한다. 그리고 이 지식과 정보들이 서로 무엇이 비슷하고 무엇이 다른지를 비교·분류하고 분석하면서 정보와 정보 간의 보이지 않는 연결고리를 찾아낼 수 있어야 한다. 다시 말해 추론적 사고력은 '관계'를 발견하는 능력이다. 따라서 추론적 사고력이 발휘되려면 기존에 장기 기억에 저장되어 있는 많은 정보 속에서 지금 내가 해결해야 하는 새로운 문제에 적용할 정보가 무엇인지 연결 고리를 찾아낼 수 있어야 한다.

Tip. 추론적 사고력을 증진시키는 방법

- 평소에 독서나 체험을 통해 세상에 대한 배경지식을 쌓는다.
- 일상에서 놀이(게임)를 통해 정보들을 비교 · 구분 · 분류 · 분석해 본다.
- 과제나 놀이를 수행할 때 차근차근 사고의 단계가 보이도록 성인이 하는 것을 관찰할 수 있게 한다. 아이들에게 모델링을 통해 학습할 수 있는 기회를 줄 수 있다. 우리가 보드게임 놀이를 할 때 성인의 사고과정이나 전략을 소리 내어 말하면서 보여 주는 것이 여기에 해당한다.
- 사진이나 글자 없는 그림책을 활용해 보자. 어떤 상황이 담긴 사진에서 무슨 일이 있었는지에 대해 유추해서 이야기하고, 이후의 상황을 예측해 본다. 혹은 글자 없는 그림책을 사용하여 삽화의 세부 사항을 통해 전달되는 이야기를 만들어 본다. 이처럼 사진이나 글자 없는 그림책은 그림에서 추론할 단서를 모으도록 촉진할 수 있고, 그러한 추론을 연결하여 이야기를 만들고 단서들의 의미를 밝혀낼 수 있다.
- 수수께끼, 스무고개 놀이는 추론적 사고력을 발달시켜 줄 수 있는 매우 좋은 놀이다. 스무고개는 20개의 질문에 '예/아니요'의 대답만을 통해 정답을 알아맞히는 일종의 업그레이드된 수수께끼 놀이이다. 스무고개 놀이는 아이가 맞혀야 하는 사물을 정하고 성인이 질문하는 방식으로 먼저 경험하는 것이 좋다. 왜냐하면 이 놀이는 질문을 어떻게 하느냐가 중요하기 때문이다. 질문은 큰 범주에서 작은 범주로 진행되어야 논리적으로 생각하면서 답의 범위를 좁혀 갈 수 있다. 이렇게 질문이 잘 구조화되어 있는 과정에서 아이들은 자신이 갖고 있는 지식을 총동원해서 비교하고 분석하며 관계를 찾게 된다.

추론적 사고력

후 엠 아이

(8세 이상, 2명)

☑ 전문가의 선택

후 엠 아이는 일종의 숫자야구 게임(Bulls and Cows)의 보드게임 버전이라고 볼 수 있다. 서로 다른 네 마리 동물카드를 이용해서 상대방이 가진 카드의 동물을 알아맞히는 논리적 추리 게임 이며, 게임의 규칙을 바꿔 난이도에 따라 적용할 수 있다. 가장 쉬운 규칙으로는 7세 이상도 가능 하며 원래의 규칙대로라면 초등학생 이상이어야 가능할 것으로 보인다.

인지능력 중에서도 다소 고차원적인 능력에 속하는 논리적인 추론능력 향상을 도울 수 있는 간 단하고 재미있는 게임으로 머릿속으로 다양한 경우의 수를 생각하여 하나씩 배제하거나 선택해 야 하기 때문에 집중력도 기를 수 있는 장점이 있다.

#추론적 사고력 #인지적 조작능력 #집중력 #새로운 규칙전환 적응능력

이미지 출처: 조이매스(http://www.joymath.net/mall).

 놀이 방법

각각의 플레이어는 세 종류의 미션카드(동물카드 4장, 상의카드 3장, 하의카드 3장) 에서 각 종류별로 1장씩 뽑아 3장을 가진다. 36장의 동물카드를 가운데 모아 놓고,

1장씩 펼친다. 자신이 가진 미션카드와 펼쳐진 동물카드를 비교해서 동물, 상의, 하의 중 하나라도 같은 부분이 있으면 ○카드를, 하나도 공통된 것이 없다면 ×를 내려 놓는다. 계속해서 동물카드를 펼치고, 서로에게 ○/×카드로 힌트를 제공한다. 여러 힌트를 조합해서 상대방의 미션카드(동물, 상의, 하의)를 먼저 맞히는 사람이 승리하는 게임이다.

 응용 방법

- 원래의 규칙에서는 ○/×를 추론할 때 각 종류 중 어떤 종류가 '○'인지에 대해 힌트를 주지 않는다. 어린아이들 혹은 이 게임을 어려워하는 아이들과 게임을 진행할 때는 어떤 영역이 '○'인지 알려 주면 더 쉽게 게임을 할 수가 있다. 예를 들어, 첫 번째 열은 동물, 두 번째 열은 윗옷, 세 번째 열은 바지로 정해 놓고, 첫 번째 열에 ○카드를 놓음으로써, "아, 동물은 맞았는데, 옷은 틀렸구나~." 라고 쉽게 추론할 수 있도록 돕는 것이다.

- 동물, 상의, 하의 각각의 3가지 카테고리에 대해 ○ 또는 ×의 힌트를 제시하되, 힌트의 순서를 랜덤으로 하게 되면, 앞의 규칙보다는 난이도가 다소 상승한다 (그래도 원래 규칙보다는 훨씬 수월하다). 예를 들어, 위의 규칙에서는 첫 번째 열이 동물에 대한 힌트, 두 번째가 상의, 세 번째가 하의에 대한 힌트임이 정해진 반면, 이 규칙에서는 첫 번째 열이 어떤 카테고리인지 알려 주지 않는다. 단, 한 라운드 내에서는 정해진 규칙대로 일관성 있게 힌트를 제공해야 상대가 추론을 정확하게 할 수 있다.

전문가의 노하우

　인지적 전략 게임은 아이들의 성향에 따라 호불호가 강하게 나뉜다. 특히 차분히 앉아서 생각하기를 싫어하는 아이들은 논리적 추론 게임을 어려워하는 경우가 많다. 먼저 이야기했던 것처럼 승부를 조절해서 아동이 이기는 경험을 많이 해야 이런 종류의 게임에 도전하고 즐길 수 있게 되므로, 조급해하지 말고 아이와 함께 천천히 도전해 보길 권유한다.

다빈치코드

(8세 이상, 2~4명)

☑ 전문가의 선택

다빈치코드는 전형적인 추리 게임의 일종으로 게임을 하면 할수록, 인원이 많아지면 많아질수록 생각하고 머리를 써 가며 상대방의 숫자를 추리해야 하기 때문에 몰입도가 높아지는 흥미로운 게임이다.

규칙이 단순한 것이 장점이고, 그럼에도 불구하고 논리적인 추론능력을 향상시키는 데 상당히 도움이 된다. 내가 가지고 있는 숫자와 상대방의 숫자판의 배열추론, 상대방이 이야기한 숫자 등을 기억하고 있으면 훨씬 더 빨리 추리를 할 수 있으므로 기억력, 추론능력, 인지적 전략이 필요하다. 아이들보다 오히려 어른들이 더 좋아해서 한 번만 더 하자고 아이들에게 조르는 게임이다. 얘들아~ 우리 한 판만 더 하자, 응?

#추론적 사고력 #기억력 #즐거움 #어른들이 더 좋아해

이미지 출처: 코리아보드게임즈(https://www.koreaboardgames.com).

추론적 사고력

 놀이 방법

　가운데에 전체 타일(0부터 11까지 숫자가 있는 흰색 타일 12개, 검은색 타일 12개, 조커 타일 2개)을 모두 뒤집어 놓고, 각자 4개의 타일을 가져온다(4명일 경우 3개). 가져온 타일은 다른 사람이 볼 수 없도록 하며, 색깔과 상관없이 왼쪽에서부터 숫자가 적은 것에서 큰 순서로 배열한다(단, 같은 숫자일 경우 검은 타일을 흰 타일의 왼쪽에 놓음). 자신의 차례가 되면, 상대방의 타일을 추리해야 하는데, 추리를 하기 위해서는 먼저 가운데서 타일을 하나 더 가져와 순서에 맞게 배치해야 한다. 상대방의 타일을 하나 선택해서 숫자를 맞히는데, 맞혔을 경우 다시 추리할지 말지 결정해야 하며, 상대방은 그 타일을 눕혀서 오픈함으로써 모두가 볼 수 있게 해야 한다. 틀렸을 경우 방금 가져온 자신의 타일을 눕혀 오픈하고 다른 사람으로 차례가 넘어간다. 상대방의 타일을 모두 맞히면 승리하는 게임이다. 조커 타일의 경우 자신이 원하는 위치에 놓을 수 있다.

 응용 방법

　게임을 함께 하는 플레이어들의 합의에 따라 시작 시에 조커 타일을 쓰지 않거나, 혹은 첫 번째에는 추리가 어렵기 때문에 맞히지 못했을 경우 가져온 타일을 오픈하는 규칙을 적용하지 않을 수도 있다.

쿠키 박스

(7세 이상, 1~4명)

☑ **전문가의 선택**

쿠키 박스는 주문 카드의 배열과 일치하게 쿠키 토큰을 배열하면 완성되는 단순한 규칙의 게임이지만 쿠키 토큰의 앞뒤 그림이 다르다는 점을 알고 활용할 줄 알아야 하는 게임이므로 순간의 민첩한 판단력과 응용력이 필요하다. 잘못된 배열이 맞는 배열인 줄 알고 종을 치는 것이 두 번 반복되면 게임에서 탈락된다. 배열이 맞는지 검토하는 과정까지 연습할 수 있어 충동성을 조절하고 문제해결력을 향상하는 데 도움이 된다.

#대안적 사고력 #문제해결력 #즐거움 #집중력 #충동성 조절

이미지 출처: 코리아보드게임즈(https://www.koreaboardgames.com).

대안적 사고력

 놀이 방법

　　주문카드의 배열대로 쿠키 토큰을 이리저리 움직이고 뒤집으며 주문과 똑같이 만든다. 주문과 똑같이 완성했으면 재빨리 종을 친다. 종을 친 사람의 쿠키 배열이 주문 카드와 같은지 다 같이 확인한다. 성공하면 그 주문카드는 성공한 사람 것이 된다. 이렇게 선물 상자 카드를 4장 먼저 모은 사람이 승리한다. 주문카드와 일치하지 않는데 종을 두 번 치면 게임에서 탈락한다.

전문가의 노하우

[아동 특성별 대처 방법]

"먼저 종을 치는 것에 급급해서 게임을 즐기지 못해요."

　　규칙은 간단하지만 정확하고 빠르게 수행해 내야 하는 게임이기에 경쟁심이 강하거나 게임에 자신감이 부족한 아이는 상대가 어떻게 하고 있느냐에 신경 쓰느라 정작 내 것을 완수하지 못한다. 그러다 보니 즐겁자고 한 게임을 정작 즐기지를 못하게 되는 경우가 많다. 이럴 땐 이 게임을 '누가 먼저 4장을 모으나.' 하는 원래의 게임 규칙 말고 그림 카드의 모양과 똑같이 만드는 역할놀이로 활용해 보면 좋다. 쿠키를 주문하는 손님과 쿠키 상자를 주문대로 완성해 주는 주인이 되는 역할놀이를 먼저 즐겁게 하는 것이다. 게임 도구를 다루는 것에 익숙해지면 본 게임을 할 때 마음에 여유가 생기고, 그러면 긴장감이 풀려 융통성과 민첩함이 생겨날 수 있다.

초콜릿 픽스

(8세이상, 1인용)

☑ **전문가의 선택**

초콜릿 픽스는 논리적인 사고력, 문제해결능력을 기를 수 있는 1인용 보드게임으로 퀴즈풀이, 퍼즐 맞추기 등의 문제해결 종류를 좋아하는 아동이라면 도전해 볼 만한 게임이다. 1인용이지만 서로 번갈아 가면서 하거나 시간을 재면서 하면 둘 이상도 같이 즐길 수 있다.

무언가에 집중하며 진득하게 앉아서 고민하고, 끙끙거리며, 이렇게도 해 보고 저렇게도 해 보며 문제를 해결하려고 애쓰는 태도는 학습에서뿐 아니라 인생을 살아감에 있어서 중요한 기반이 되는 능력이다. 점점 난이도가 높아짐에 따라 좌절을 견디며 계속 도전할 수 있는 아동의 인내력을 엿볼 수 있기도 하다.

#대안적 사고력 #문제해결능력 #논리적 사고력 #좌절에 대한 인내력 #실수를 통해 배우는 능력 #집중력 #분석능력

이미지 출처: 코리아보드게임즈(https://www.koreaboardgames.com).

대안적 사고력

 놀이 방법

　　3가지 색깔(초코, 딸기, 바닐라)을 가진 3가지 모양(세모, 네모, 동그라미)의 초콜릿 9개(3×3)를 주어진 단서에 맞게 판에 배열하는 게임이다. 쉬운 수준에서부터 어려운 수준까지 40장의 문제를 가진 책자를 1장씩 넘겨 가며 논리적으로 추론해 내야 하는 게임이다. 위치표시 토큰을 활용하면 좀 더 수월하게 문제를 풀어 갈 수 있다.

전문가의 노하우 ▶

　　인지영역에 속하는 보드게임 종류는 아이들의 호불호가 상당히 명확하다. 어려운 문제를 풀기 위해서는 정신적·심리적 에너지가 많이 필요하며 지루하고 모호한 것을 견디는 능력이 무엇보다 필요하기 때문이다. 이러한 능력은 특히 요즘 아이들에게 많이 요구되는 '사고력'의 영역인데, 어렵고 복잡한 학습지를 가지고 이러한 능력을 향상시키는 데는 한계가 있다. 즉, 즐겁고 재미있는 교구를 통해 심리적 에너지를 투여하는 능력을 향상한 후에 학습적인 과제로 확장시켜 나가는 것이 도움이 된다.

　　또한 반복해서 말하건대, 아이들이 이 과제에서 좌절하지 않고 계속해서 도전하기 위해서는 부모가 옆에서 같이 견디어 주고, 칭찬하고 격려하는 작업이 무엇보다 중요하다. 옆에서 핀잔을 주거나 잔소리를 하기보다는 아이가 이 상황을 잘 견딜 수 있도록 많이 칭찬해 줄 것을 당부한다.

러시 아워

(8세이상, 1~2인용)

☑ **전문가의 선택**

러시 아워는 1인용 보드게임의 고전이자 가장 인기 있는 베스트셀러 중 하나이다. 최근 입문용(5세 이상), 주니어(6세 이상), 오리지널(8세 이상), 디럭스(8세 이상), 시프트(2인용) 등 다양한 버전으로 출시되어서 발달수준에 맞게 선택의 폭이 넓다. 매년 멘사에서 선정하는 영재교육용 보드게임에 일찍이 선정될(1997) 정도로 창의적인 문제해결력과 집중력을 필요로 하는 게임이다. 인내와 끈기가 필요한 지속적 주의집중력이 강력하게 필요하며, 시도했던 전략이 틀렸을 경우 여러 다른 각도로 접근하여 다른 방법을 생각해 낼 수 있어야 하기 때문에 문제해결 전략이 필요하다.

집중력을 기본으로, 논리적인 사고력, 문제해결력 향상에 추천하며, 재료가 자동차인지라 여자아이보다는 남자아이들이 훨씬 더 선호하는 것이 사실이다.

#대안적 사고력 #지속적 주의집중력 #문제해결력 #논리적 사고력 #멘사셀렉트(1997) #순차적 처리능력 #인내력 #끈기 #충동성 조절 #과제개시능력(일단 시도해 보는 능력)

이미지 출처: 코리아보드게임즈(https://www.koreaboardgames.com).

대안적 사고력

 놀이 방법

문제카드를 고르고, 카드와 똑같이 게임 판에 세팅한 뒤, 빨간색 차를 게임판 밖 출구로 빠져나오게 해야 한다. 그러나 가로막은 차를 뛰어넘을 수 없고, 앞뒤로만 움직여야 하기 때문에 생각보다 쉽지 않다. 게임도 버전별로 난이도가 다르고, 하나 의 게임에도 순차적으로 난이도가 적용되어 있어서, 다양하게 활용할 수 있다.

전문가의 노하우

좌절인내력에 관하여

좌절인내력(frustraion tolerence)이란 자신의 욕구가 좌절되는 상황을 참고 견디는 능 력을 말한다. 어린 시절 온실 속의 화초처럼 실패나 좌절을 겪어 보지 못하고 자란 아이들 은 성장하면서 맞닥뜨리는 어려움에 더 큰 좌절감을 느끼고 쉽게 포기하게 되기도 한다. 오히려 작게 나뉜, 아이가 감당할 수 있을 만큼의 좌절을 겪은 아이들은 그 경험을 토대로 다시 앞으로 나갈 인내력을 키우기도 한다.

그렇다면, 어린 시절 실패 경험이 많을수록 좋다는 이야기인가? 그렇지는 않다. 우리가 살면서 크건 작건 실패나 좌절을 겪는 것은 당연한 일이고, 부모가 아무리 원치 않는다고 하더라도 겪을 수밖에 없는 일이다. 중요한 것은, 아이가 감당할 만한 것이었는가, 그때 부 모의 반응은 어떠했는가, 아이가 감당할 수 있도록 주변의 도움이 있었는가, 좌절을 참고 다시 시도해 본 경험이 있었는가이다.

아이가 실패하거나 좌절했을 때, 부모의 반응은 어떠했는가가 가장 중요하다. 아이가 좌절감을 느끼지 않도록 다른 곳으로 주의를 돌리지는 않았는가? 이건 아무것도 아닌 거 라고, 무조건 괜찮다고 축소시키지는 않았는가? 아니면 좌절했을 아이의 마음을 과잉해서 너무 받아 주기만 한 것은 아닌가? 이런 시도들은 모두 아이가 좌절을 견디는 능력, 즉 좌 절인내력을 향상하는 데 크게 도움이 되지 않는 방법들이다.

부모의 역할은 아이가 좌절, 즉 부정적인 감정을 느끼지 않도록 하는 것이 아니라 아이가 좌절을 경험할 때 부모가 옆에서 함께 감당하면서 조절해 주는 것이다. "이게 잘 안 돼서 속상하구나. 아이구 짜증이 나. 쉽게 잘 안 되네." 하며 아이의 감정을 우선 공감해 주고, "그럼, 엄마랑 다시 한 번 해 볼까? 아니면 다른 것으로 다시 도전해 볼까?" 하면서 부정적인 감정을 다루어 볼 수 있도록 제안하거나 팁을 줄 수 있다.

대안적 사고력

폴드 잇

(8세 이상, 1~4명)

☑ 전문가의 선택

폴드 잇은 손수건을 접어 원하는 그림을 보이게 하는 신선하고 독특한 게임 방식으로 아이들의 흥미를 끌 수 있으면서도 대안적인 사고력이 필요해 인지적인 능력 향상에 도움을 줄 수 있는 일석이조의 두뇌 게임이다.

앞뒤의 그림이 같은 점을 이용하여 접었을 때 그림이 어디에 위치할지 예측해야 하고, 논리적으로 어떤 부분을 먼저 접어야 할지 생각해야 하기 때문에 생각보다는 쉽지 않은 게임이다.

#대안적 사고력 #논리적 사고력 #문제해결력 #공간추론능력 #순차적 처리능력

이미지 출처: 행복한 바오밥(https://www.happybaobab.com).

 놀이 방법

플레이어들은 각각 손수건(모두 같은 그림)을 1장씩 나눠 갖는다. 쉬운 카드(파란색, 22장)와 어려운 카드(빨간색, 22장) 중 원하는 카드를 선택하여 1장 뒤집은 뒤, 손수건을 접어 카드에 나온 그림과 동일하게 빨리 만드는 사람이 승리한다. 단, 손수

건은 가로세로 선을 따라서만 접을 수 있고 대각선으로 접거나 선이 아닌 곳에서 접는 것은 안 된다. 별 토큰이나 나무 토큰은 상황에 따라 사용할 수도 있고, 단순히 손수건을 빨리 접는 사람이 승리하는 간단한 방법으로도 놀이를 할 수 있다.

 응용 방법

좀 더 어렵고, 혹은 쉬운 두 종류의 카드가 있어 난이도를 조절할 수 있다.

전문가의 노하우 ▶

대안적 사고력이란

대안적 사고력이란, 문제가 해결되지 않았을 경우 다른 해결책을 지속적으로 시도할 수 있는 사고 능력을 말한다. 어떤 문제를 해결하는 데는 단 하나의 방법만이 있는 것은 아니다. 여러 가지 방법이 있을 수 있고, 그중에는 효율적인 것도 있고 그렇지 않은 것도 있다. 그래서 가장 좋은 해결책을 결정하기 전에 우리는 여러 대안을 후보에 올려 둔다. 이럴 때 대안적 사고력이 요구되는 것이다. 대안적 사고력이 발휘되려면 문제가 풀리지 않을 때 당황스럽고 불편한 감정이 들더라도 쉽게 포기하지 않고 발상 전환적 생각을 할 수 있어야 한다. 맞는 답을 빨리 찾아내려 하는 마음이 크면 틀릴까 봐 조마조마해지고, 생각은 멈추게 된다.

따라서 대안적 사고력이 좋은 아이로 키우고 싶다면 결과보다 답을 찾아가는 과정을 기분 좋은 경험으로 만들어 줘야 한다. 부모가 느긋한 마음으로 아이의 시도들을 지켜봐 주고 이렇게도 저렇게도 해 볼 수 있게 격려해 주는 것이 필요하다. 그래야 '틀려도 괜찮구나.' '답을 찾아가려면 틀리는 과정이 필요하구나.'를 몸소 느끼게 된다. 이때 유머 한 스푼이 첨가되면 긴장을 말랑말랑하게 이완시켜 주는 효과를 발휘한다. 대안적 사고력을 요하는 보드게임을 할 때 우리 집에서는 "아님 말구유~." "아니면 뒤집어유~."라는 말이 유행어처럼 사용되었다.

또한 일상에서 아이들이 내놓는 대안들이 어른이 생각할 때 말이 안 되는 것 같더라도 귀기울여 경청하고 "오~ 그것도 방법일 수 있겠다!"라며 존중해 주는 것이 무엇보다 중요하다.

대안적 사고력

로직링크

(8세 이상, 1명)

☑ 전문가의 선택

로직링크는 주어진 힌트 글을 읽고 색상 칩을 순서에 맞게 놓아야 하는 1인용 문제해결 보드게임이다. 카드의 힌트 글이 영어로 되어 있기 때문에, 영어로 간단한 글 읽기가 가능한 아이라면 그대로 사용해도 되고, 사용설명서에 한글이 모두 번역되어 있으므로 설명서를 참조하면서 게임을 진행할 수 있다.

처음에는 쉬운 난이도로 시작하지만 중반 이후로 갈수록 어른도 쉽게 해결하지 못하는 난이도로 이어지기도 한다. 문제해결력도 필요하지만 한글에 대한 독해력도 필요하기 때문에 글을 읽고 이해하는 능력을 향상시키고자 하는 목적으로도 사용 가능하다.

#대안적 사고력 #논리적 사고력 #공간추리능력 #언어적 추리능력 #문해력

이미지 출처: 공간27몰(https://www.gonggan27.com/shop).

놀이 방법

　총 166장의 문제카드(4단계의 난이도)와 32개의 색깔 칩을 가지고 문제를 해결한다. 처음부터 할 수도 있고, 아이의 수준에 맞춰 난이도를 선택할 수 있다. 힌트 글을 읽고 색깔 칩의 순서를 결정해서 놓으면 완성이다. 힌트를 하나씩 읽으며 가설을 설정해서 먼저 색깔 칩을 놓고, 이어진 힌트를 읽으면서 앞에 놓았던 색깔 칩을 수정하거나 다른 방법을 생각해야 해결할 수 있다.

응용 방법

　문제카드가 166장이나 있고 난이도가 점점 높아지므로 연령에 따라 번호를 선택하여 진행할 수 있다.

대안적 사고력

라비린스

(8세 이상, 2~4명)

☑ 전문가의 선택

라비린스는 보물과 유령이 숨겨져 있는 미로에서 자신의 보물을 먼저 찾아내야 하는 게임이다. 이 게임의 특징은 미로가 움직이는 길과 움직이지 않는 길이 있다는 것이다. 또 매번 카드를 밀 때마다 길의 형태가 바뀐다. 이것을 활용하여 자신이 찾아야 하는 보물에 닿을 수 있는 길의 형태로 바꿀 수 있다. 실행에 옮기기 전에 머릿속에서 경로를 시뮬레이션해 보는 작업이 필요하므로 고차원적인 인지전략들이 총동원되어야 한다. 머리를 쓰는 만큼 재미와 성취감이 배가 되는 게임이다. 라비린스 주니어도 출시되어 있어 더 어린 연령의 아동도 함께 즐길 수 있다.

#종합적 사고력 #고차원적 인지전략 #공간지각력 #예측능력 #계획능력 #즐거움 #집중력 # 문제해결력

이미지 출처: 코리아보드게임즈(https://www.koreaboardgames.com).

놀이 방법

　낱장으로 있는 미로 타일들을 게임 판에 놓고 나면 1개의 타일이 남는데, 이것으로 판을 밀어 미로의 형태를 바꾼다. 자신이 찾아야 하는 보물을 확인하고 그 보물에 닿을 수 있게 미로의 길을 만드는 것이 포인트이다. 자신의 보물을 다 찾고 자신의 말이 시작했던 지점으로 먼저 돌아가는 사람이 이기는 게임이다. 자신의 차례에는 2가지 선택을 할 수 있는데, 길을 움직이지 않고(타일을 사용하지 않고) 그냥 말을 움직이거나, 타일을 밀어 길을 만들고 난 후에 말을 이동할 수 있다.

응용 방법

　본 게임 전에 미로 타일로 여러 길을 만들어 보는 작업만으로도 인지발달이 촉진될 수 있다. 손가락으로 미로의 경로를 추적해 보는 것도 좋다. 자신의 말이 시작 지점으로 다시 돌아가는 것을 생략하고 보물을 다 찾는 것을 목표로 해서 게임할 수도 있다. 특히 라비린스 주니어는 양면 미로 타일이 4개 들어 있어서 게임의 난이도를 조절할 수 있어 더 쉽고 재미있게 즐길 수 있다.

▶ 전문가의 노하우

종합적 사고력이란

　종합적 사고력이란, 고차원적인 사고력을 발휘해 문제를 파악하고 해결하는 방법을 찾아내는 입체적이며 합리적인 사고능력을 일컫는다. 여러 요소나 부분을 분석해 전체로 통합하거나 정보와 정보, 지식과 지식을 연결해 새로운 결론을 도출해 내는 것이다. 이러한 종합적 사고력이 발휘되려면 요소나 부분에 함몰되어서는 안 된다. 요소와 요소 사이를 적절히 zoom-in/zoom-out하면서 조망할 수 있어야 한다. 쉽게 말해, 나무 하나하나도 보고 숲 전체도 볼 수 있어야 한다는 것이다. 이러한 종합적 사고력은 하루아침에 획득할 수

종합적 사고력

없다. 어려서부터 차근차근 쌓아 온 경험들과 나이가 들면서 성숙되는 뇌 발달이 함께 이루어져야 가능한 능력이다.

Tip. 종합적 사고력을 키워 줄 수 있는 방법

- 아이와 관찰한 것에 대해 이야기를 나누자. 사고력은 잘 관찰하는 것에서부터 시작된다.
- 하나의 사물을 놓고 위, 아래, 측면 등 다각도에서 사진을 찍어 보자. 그런 다음 부분을 보고 어떤 사물인지 맞혀 보는 놀이를 한다. 이러한 경험을 통해 아이는 부분과 전체의 관계를 자연스럽게 알아 갈 수 있다.
- 각각의 재료들이 조리과정을 거쳐 하나의 음식으로 완성되는 요리 활동을 아이와 함께 해 보자. 이러한 경험들이 얼마간 쌓인 후에는 요리된 음식을 보고 '들어간 재료 맞히기 퀴즈'를 해 보거나 부모가 재료만 들려주고 '어떤 음식일지 떠올려 보는 놀이' 시간을 가져 보도록 한다.

아발론

(8세 이상, 2명)

☑ 전문가의 선택

아발론은 1990년 최초의 멘사 셀렉트로 지정될 만큼 세심한 전략적 사고를 요하는 게임이다. 자신의 진영을 잘 움직여서 상대방 구슬을 게임판 밖으로 밀어내야 한다. 구슬을 움직일 때마다 진영의 형태가 바뀌기 때문에 매 차례마다 전략적 고민이 필요하다. 나무와 숲을 함께 보는 시야가 필요한 게임이다. 상황을 전체적으로 넓게 살피고 주의를 기울여 여러 가능성을 염두에 두고 그 중 하나를 선택해야 하는 결정력까지 요구된다. 상대를 공격하는 것도 중요하고 나의 진영을 방어하는 것도 중요하다. 자신의 영역을 지키고 넓혀 가며 성취감을 느낄 수 있는 게임이다. 힘과 통제의 욕구를 건강한 방법으로 실현해 내도록 하는 심리적 의미도 있다. 또한 묵직한 구슬을 밀어내는 손맛도 아주 매력적이다.

#종합적 사고력 #고차원 인지전략 #공격과 방어 #숲과 나무를 보는 시야 #즐거움 #집중력
#문제해결력

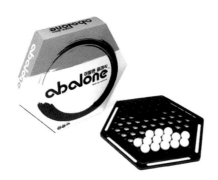

이미지 출처: 코리아보드게임즈(https://www.koreaboardgames.com).

종합적 사고력

놀이 방법

　게임판 위의 흰색과 검은색 구슬 중 자신의 진영을 정한다. 차례마다 자신의 구슬을 한 번씩 움직일 수 있는데 움직일 때는 3개까지 한 번에 움직일 수 있으나 딱 한 칸만 이동할 수 있다. 움직이는 방향은 어느 방향이든 상관이 없다. 구슬을 움직이면서 상대의 구슬을 밀어낼 수 있는데, 상대방 진영의 구슬을 밀 때는 구슬을 움직이는 방향의 줄에 상대방보다 자신의 구슬이 더 많아야 한다. 또한 밀고자 하는 상대의 구슬 뒤에 자신의 구슬이 있을 때는 상대를 밀어낼 수 없다. 상대방의 구슬 6개를 먼저 게임판 밖으로 밀어내는 사람이 승자가 된다.

쿼리도

(8세 이상, 2명)

☑ 전문가의 선택

쿼리도는 매우 간단해 보이지만 바둑이나 체스처럼 상당히 전략이 필요한 멘사 셀렉트 게임이다. 일반적으로 체스나 바둑 같은 게임을 추상전략 게임으로 분류하는데, 추상전략 게임은 간단하고 직관적인 게임 규칙을 가지고 있으며, 모든 정보가 공개되어 있다는 점과 운의 영향이 거의 없다는 특징을 가진다. 게임의 룰은 간단하다. 자신의 말을 상대방 진영으로 먼저 보낸 사람이 이기게 된다. 그러나 상대방의 말이 가는 경로를 나무토막으로 가로막아 방해할 수 있으며 역으로 걸려든 척하면서 신의 한 수로 상대방을 묶고 나만 진행할 수도 있는 고도의 심리전이 필요하다. 팽팽한 긴장감 속에서 이기고 나면 그 어떤 게임보다 뿌듯함이 느껴질 것이다.

쿼리도를 조금 어려워하는 아이라면 쿼리도 주니어 버전을 이용해 보자. 칸의 수도 적고 아기자기한 동물 캐릭터가 있어서 더 어린 연령의 아이들도 쉽게 즐길 수 있다.

#종합적 사고력 #추상전략 게임 #고차원적 인지전략 #고도의 심리전 #예측능력 #계획능력 #집중력

이미지 출처: 코리아보드게임즈(https://www.koreaboardgames.com).

 놀이 방법

　자신의 말을 상, 하, 좌, 우 중 한 방향을 선택해서 한 칸을 움직인다. 대각선은 불가능하다. 자신이 선택한 진행 방향에 상대방의 말이 있다면 그 말을 뛰어넘을 수 있다. 자신의 차례에 말을 움직이는 것 대신에 상대방의 진행을 막기 위해 나무토막으로 장애물 하나를 원하는 곳에 설치할 수 있다. 단, 어느 말이든 움직이지 못하게 완전히 가둬 버리는 것은 불가능하다. 이를 반복하면서, 자신의 말을 반대쪽 줄 끝의 어느 칸으로든 먼저 보낸 쪽이 승리한다.

　응용 방법

- 2인용 플레이의 경우, 상대와 집요한 수 싸움을 벌이며 팽팽한 심리전을 할 수 있지만, 4인용 플레이의 경우에는 먼저 치고 나가는 1명을 막기 위해 나머지 3명이 협력하는 상황이 만들어질 것이다. 엄마나 아빠가 먼저 치고 나가는 역할을 하고 나머지 가족 구성원이 함께 막는 역할을 하면 유대감과 즐거움이 더해질 것이다.
- 쿼리도의 게임 말은 사람을 연상시킨다. 나무토막을 격자판에 꽂을 때의 손맛도 있다. 나무토막을 꽂아 가며 미로를 만들어 사람을 가두거나 탈출하는 1인용 플레이의 게임으로도 응용할 수 있다.
- 어린 연령의 아이들을 위한 '쿼리도 주니어'도 있다.

루미큐브

(9세 이상, 2~4명)

☑ 전문가의 선택

루미큐브는 세계에서 가장 많이 팔린 보드게임 중 하나로 월드 루미큐브 챔피언십이 매년 열릴 만큼, 마니아층이 매우 두터운 보드게임(한국루미큐브 공식 홈페이지가 있을 정도)이다. 그만큼 한번 이 게임에 빠지면 헤어 나오기 어려운 매력을 가지고 있다. 초등학교 이상의 자녀가 있는 가족이라면 다 함께 인지적 유희를 즐기기에 손색이 없다. 복잡해 보이지만, 한번 터득하면 규칙이 의외로 단순해서 1부터 13까지의 숫자를 조합하거나 혹은 해체하여 재조합하는 과정을 통해 전체를 부분으로 나누거나 합치는 분석능력을 기를 수 있으며, 긴 시간 동안 게임에 몰입해야 하는 집중력은 물론, 문제해결능력, 논리적 사고력 향상에도 상당한 도움을 줄 수 있다.

#종합적 사고력 #고차원 인지능력 #지속주의력 #문제해결력 #분석능력 #논리적 사고력

이미지 출처: 코리아보드게임즈(https://www.koreaboardgames.com).

 놀이 방법

총 106개의 타일(1~13까지의 숫자가 쓰인 각 4가지 색 두 세트, 조커 타일 2개, 즉 13숫자×4색×2세트+2조커=106)을 주머니에 넣어 놓는다. 플레이어들은 각자 주머니에서 14개의 타일을 가져와 다른 사람이 보지 못하도록 받침대에 배열한다. 차례마다 자기가 가진 타일을 조합해 바닥에 내려놓거나, 내려놓지 못하면 주머니에서 타일 하나를 새로 가져와 받침대에 추가한다. 자신의 타일을 모두 먼저 내려놓는 사람이 이기는 게임이다. 자신의 차례에 타일을 내려놓으려면, 3개의 타일이 숫자가 모두 같고 색깔이 모두 다르거나, 또는 같은 색깔의 연속된 숫자로 3개의 이상의 타일을 조합해야 한다. 단, 최초로 타일을 내려놓을 때는 내려놓는 타일의 숫자 합이 30 이상이어야 하는데 이것을 '등록'이라 한다. 등록 이후에는 숫자의 합과 관계없이 타일 조합을 내려놓을 수 있으며, 기존에 내려놓은 조합에 조건이 맞는 하나의 타일을 낱개로 붙여 내려놓을 수도 있다. 조건에만 맞는다면 바닥에 있는 타일들을 재조합할 수도 있다.

 응용 방법

기본 규칙은 유지하되, 시간제한을 두거나 두지 않는 것을 통해 난이도 조절이 가능하며, 처음 등록하는 30 이상의 규칙을 유지하거나 유지하지 않을 수도 있다.

⭐ 부록. 연령별 보드게임

연령 영역	5세	6세	7세	8세	9세 이상
즐거운 보드게임 (p. 49)	텀블링 몽키	서펜티나	코코타키	개구쟁이 스머프 사다리 게임	바퀴벌레 포커
		캔디랜드	키키리키	트러블	
		퍼니버니	두더지 땅파기	프레즌트	
			뱀 사다리 게임	챠오챠오	
주의집중력 향상 보드게임 (p. 83)	이것 좀 봐!	도블	쌍둥이 찾기	피카독(피카픽, 피카폴라베어)	
		메모리 게임	몬스터 프렌즈	요리사 무무의 무스코드	
		알록달록 붕어낚시	포토매치	몬스터 시티	
		찍찍이와 야옹이	사운드메모리	스택버거	
			치킨차차		
행동조절력 향상 보드게임 (p. 117)	큐비츠 주니어	몬스터 베이킹	할리갈리 컵스	스티키 스틱스	
		젠가	코코너츠	쉐이프 업	
		흔들흔들 피자토핑	컬링	큐비츠 익스트림	
		메이큰 브레이크	스틱스택		
			큐비츠		
			패턴플레이 3D		

영역 ＼ 연령	5세	6세	7세	8세	9세 이상
인지향상 보드게임 (p. 145)	과수원 까마귀 열매 먹기	쑥쑥 키재기 벌레	할리갈리	젝스님트	로보 77
	러시 아워 입문용	폭탄 돌리기	아이씨 10	테마틱	블리츠
	라비린스 주니어	러시 아워 주니어	알록달록 난쟁이	파파베어	루미큐브
	쿼리도 주니어		치치&부기	강아지 야옹	
			고고 젤라또	왼쪽 오른쪽	
			닥터 유레카	뒤죽박죽 서커스	
			게스 후	후 엠 아이	
			보석찾기 듀얼	다빈치코드	
			쿠키 박스	초콜릭 픽스	
				러시 아워(오리지널, 디럭스, 시프트)	
				폴드 잇	
				로직링크	
				라비린스	
				아발론	
				쿼리도	

저자 소개

김지연(JiYoun Kim)
이화여자대학교 일반대학원 심리학과 박사(발달 및 발달임상 전공)
이화여자대학교 일반대학원 심리학과 석사(발달심리 전공)
현 아이코리아 아동발달교육연구원 원장
　　한양대학교 융합산업대학원 겸임교수
　　서울사이버대학교 음악치료학과 겸임교수
전 중구아이존 센터장

〈주요 저 · 역서〉
내 마음을 알아봐: 초등학생을 위한 정서발달 향상 프로그램(공저, 학지사, 2014)
친구야 놀자: 초등학생을 위한 사회성 향상 프로그램(공저, 학지사, 2014)
놀이치료 2: 임상적 적용편(공역, 학지사, 2019)
마음의 발달: 인간의 마음을 형성하기 위한 대인관계와 두뇌의 상호작용(2판,
　　공역, 하나의학사, 2018)
자폐아동과 놀이(공역, 도서출판 특수교육, 2005)

최연희(Yeonhee Choi)
서울여자대학교 특수치료전문대학원 심리치료학과 박사수료(아동심리치료 전공)
이화여자대학교 일반대학원 심리학과 석사(발달심리 전공)
현 아이코리아 아동발달교육연구원 수석연구원
　　한양대학교 융합산업대학원 미술치료학과 겸임교수

〈주요 저서〉
실패를 두려워하지 않는 아이로 키우는 7가지 방법(물푸레, 2004)

보드게임을 통한 발달 UP 프로젝트

−부모와 치료사를 위한 보드게임 놀이법−

Developmental Improvement
Project through Board Games

2024년 6월 10일 1판 1쇄 인쇄
2024년 6월 20일 1판 1쇄 발행

지은이 • 김지연 · 최연희

펴낸이 • 김진환

펴낸곳 • ㈜ **학지사**

04031 서울특별시 마포구 양화로 15길 20 마인드월드빌딩

대표전화 • 02-330-5114   팩스 • 02-324-2345

등록번호 • 제313-2006-000265호

홈페이지 • http://www.hakjisa.co.kr

인스타그램 • https://www.instagram.com/hakjisabook

ISBN 978-89-997-3130-3 03180

정가 18,000원

출판미디어기업 **학지사**

간호보건의학출판 **학지사메디컬** www.hakjisamd.co.kr
심리검사연구소 **인싸이트** www.inpsyt.co.kr
학술논문서비스 **뉴논문** www.newnonmun.com
교육연수원 **카운피아** www.counpia.com
대학교재전자책플랫폼 **캠퍼스북** www.campusbook.co.kr